# HUSHENGANGTONG

## HAIWAITOUZIJIHUISHOUCE

# 沪深港通 [第二版]

# 海外投资机会手册

**刘儒明 著**

对于投资人而言，最重要的是投资幸运、顺利。那么要如何才能使投资幸运、顺利呢？
如果想要投资顺利、心想事成，可以参考终极三法则：清理法则、心灵法则、各别法则。

经济管理出版社
ECONOMY & MANAGEMENT PUBLISHING HOUSE

图书在版编目（CIP）数据

沪深港通海外投资机会手册/刘儒明著. —2 版. —北京：经济管理出版社，2018.4
ISBN 978-7-5096-5742-3

Ⅰ.①沪… Ⅱ.①刘… Ⅲ.①股票市场—中国—手册 Ⅳ.①F832.51-62

中国版本图书馆 CIP 数据核字（2018）第 083033 号

组稿编辑：杨国强
责任编辑：杨国强 张瑞军
责任印制：司东翔
责任校对：张晓燕

出版发行：经济管理出版社
　　　　　（北京市海淀区北蜂窝 8 号中雅大厦 A 座 11 层 100038）
网　　址：www. E-mp. com. cn
电　　话：(010) 51915602
印　　刷：三河市延风印装有限公司
经　　销：新华书店
开　　本：710mm×1000mm/16
印　　张：11.5
字　　数：139 千字
版　　次：2018 年 7 月第 2 版 2018 年 7 月第 1 次印刷
书　　号：ISBN 978-7-5096-5742-3
定　　价：38.00 元

2014 年 4 月 10 日，为促进内地与香港资本市场共同发展，中国证券监督管理委员会、香港证券及期货事务监察委员会发布《联合公告》，决定批准上海证券交易所、香港联合交易所有限公司、中国证券登记结算有限责任公司、香港中央结算有限公司开展沪港股票市场交易互联互通机制试点（以下简称沪港通），在准备工作就绪后，终于在 2014 年 11 月 17 日正式开通。

沪港通是指上海证券交易所和香港联交所建立技术连接，使内地和香港投资者可以通过当地证券公司或经纪商买卖规定范围内的对方交易所上市的股票。沪港通包括沪股通和港股通两部分。沪股通是指香港投资者通过沪港通机制买卖上海证券交易所的内地股票，港股通是指内地投资者通过沪港通机制买卖香港联合交易所的香港股票。

同时，深圳证券交易所也很可能在 2015 年推出深港通，深港通和沪港通一起加入到沪深港通的完整互联互通机制中。而未来内地和香港的互联互通更可能扩展到不同的资产类别，如衍生品、商品、债券和外汇等。

沪深港通是中国资本市场开放的一个重要里程碑，将大大促进内地与香港两地市场的融合，影响极其深远。本书以手册形式，协助内地投资者详细了解沪深港通（特别是港股通）以及其衍生的各种海外投资机会。

本书除深入剖析沪深港通外，也将介绍有关投资的一些原理以及投资时所需的心灵、心态法则，希望对投资者有所助益。

# 目 录

# 第一章　基本概念

## 第一节　沪深港通简介①

2014 年 4 月 10 日，中国证券监督管理委员会、香港证券及期货事务监察委员会发布《联合公告》，决定原则批准上海证券交易所、香港联合交易所有限公司（以下简称联交所）、中国证券登记结算有限责任公司（以下简称中国结算）、香港中央结算有限公司（以下简称香港结算）开展沪港股票市场交易互联互通机制试点（以下简称沪港通）。

沪港通是指上海证券交易所和香港联合交易所建立技术连接，使内地和香港投资者可以通过当地证券公司或经纪商买卖规定范围内的对方交易所上市的股票。沪港通包括沪股通和港股通两部分。

沪股通是指香港投资者委托香港经纪商，经由香港联合交易所

---

① 信息来源：上海证券交易所。

设立的证券交易服务公司，向上海证券交易所进行申报，买卖规定范围内的上海证券交易所上市的股票。试点初期，沪股通股票范围包括上证 180 指数及上证 380 指数成分股以及上交所上市的 A+H 股公司股票。但是，被上交所实施风险警示的股票（ST、*ST 股票）不纳入沪股通股票；以人民币以外货币报价的股票（B 股）也不纳入沪股通股票。截至 2014 年 4 月 10 日，沪股通股票共 568 只。

港股通是指内地投资者委托内地证券公司，经由上海证券交易所（以下简称上交所）设立的证券交易服务公司，向香港联合交易所进行申报，买卖规定范围内的香港联合交易所上市的股票。在试点初期，香港证监会要求参与港股通的境内投资者仅限于机构投资者及证券账户及资金账户资产合计不低于人民币 50 万元的个人投资者。港股通的股票范围是联交所恒生综合大型股指数、恒生综合中型股指数成分股和同时在联交所、上交所上市的 A+H 股公司股票。但是，同时在上交所以外的内地证券交易所和联交所上市的股票不纳入港股通股票范围；在联交所以人民币报价交易的股票不纳入港股通范围；A+H 股上市公司若其 A 股被上交所实施风险警示，则其相应的 H 股也不纳入港股通股票。目前，港股通股票共 264 只，约占联交所上市股票市值和交易量的 80%。

中国结算成为香港结算的结算机构参与者，香港结算成为中国结算的结算参与者，为沪港通提供相应的结算服务。

深圳证券交易所（以下简称深交所）也可能在未来推出深港通，深港通和沪港通一起加入到沪深港通的完整互联互通机制中。

# 第二节　香港市场简介

香港交易及结算所有限公司（Hong Kong Exchanges and Clearing Limited），简称香港交易所（HKEx），是全球领先的交易所及结算所营运机构，按市值计算是全球最大的交易所集团之一（香港交易所：0388.HK）。

香港交易所经营证券及衍生产品市场以及相关的结算所，是香港上市公司的前线监管机构，旗下成员包括世界首屈一指的基本金属市场——英国的 London Metal Exchange（LME，伦敦金属交易所）。香港交易所经营的证券及衍生产品市场交易均已全面电子化。

在香港证券市场，香港交易所的工作包括监管上市发行人，执行上市、交易及结算规则，以及在批发层面向交易所及结算所的参与者和用户提供服务。证券交易所及结算所在批发层面的服务对象包括发行人以及中介机构，例如投资银行或保荐人、证券及衍生产品经纪、托管银行及信息供货商等，而中介机构则直接服务投资者。证券交易所提供的服务包括交易、结算及交收、存管及代理人服务以致横跨多种产品及资产类别的信息服务。

香港的证券交易最早见于 19 世纪中叶，截至 1891 年香港经纪协会成立，标志着香港出现正规的证券交易市场。此后，香港经济快速发展，促成另外 3 家交易所相继成立。至 20 世纪 80 年代，在加强市场监管和政府的主导下，当时 4 家证券交易所合并而成香港联合交易所（以下简称联交所），并于 1986 年 4 月 2 日开业。20 世纪 90 年代的亚洲金融风暴，也为提高香港的竞争力和迎接市场全球化所带来的挑战，联交所与香港期货交易所实行股份化，并于 2000 年与香港中央结算合并成为香港交易所的全资附属公司。香港交易所在其主板上市，标志着新的发展里程碑。作为一家上市公司，香港交易所的股权分散，香港特别行政区政府为其最大单一股东，持有仅约 5.9%。

香港交易所致力于履行本身公众责任，以确保市场公平有序地运作，并审慎管理风险，切合公众利益特别是投资大众的利益。香港交易所致力于与香港的市场执法机构证券及期货事务监察委员会紧密合作。

截至 2014 年 5 月底，在香港交易所主板及创业板上市的企业共有 1673 家，总市值约为 23 万亿港元，日均成交总额约为 652 亿港元。

在港上市的内地企业一共有 822 家，占了香港市场的半壁江山——188 家 H 股公司、129 家红筹股公司及 505 家内地民营企业，这三类内地企业的市值分别为 47000 亿港元、46000 亿港元、39000 亿港元，共占主板总市值的 56%。

在港上市的企业分布各行各业，其中占市值最高的前三位分别为金融业、地产建筑业和消费品制造业。

表 1-1　香港股票市场行业分布（截至 2014 年 5 月底）

| 行业分类 | 数量 | 市值（百万港元） | 占比（%） | 成交量（5 月） | |
| --- | --- | --- | --- | --- | --- |
| | | | | 百万港元 | 占比（%） |
| 金融业 | 143 | 6798896 | 28.78 | 198274 | 22.95 |
| 地产建筑业 | 245 | 3224781 | 13.65 | 111542 | 12.91 |
| 消费品制造业 | 401 | 2665740 | 11.28 | 108238 | 12.53 |
| 消费品服务业 | 195 | 2359246 | 9.99 | 108053 | 12.51 |
| 电信业 | 16 | 2003783 | 8.48 | 47767 | 5.53 |

续表

| 行业分类 | 数量 | 市值<br>（百万港元） | 占比（%） | 成交量（5月） | |
| --- | --- | --- | --- | --- | --- |
| | | | | 百万港元 | 占比（%） |
| 资讯科技业 | 172 | 1634182 | 6.92 | 105627 | 12.22 |
| 能源 | 76 | 1424927 | 6.03 | 58686 | 6.79 |
| 公用事业 | 45 | 1375669 | 5.82 | 1583 | 4.81 |
| 工业 | 218 | 860149 | 3.64 | 47811 | 5.53 |
| 综合企业 | 15 | 814993 | 3.45 | 20862 | 2.41 |
| 原材料 | 147 | 460367 | 1.95 | 15593 | 1.80 |
| 合计 | 1673 | 23622731 | 100 | 864035 | 100 |

资料来源：香港交易所；香港上市公司网站：http://www.hkexnews.hk/listedco/listconews/advanced-search/search_active_main_c.aspx.

什么是沪港通？

上交所和香港联交所建立技术连接，使两地投资者可以通过当地证券公司或经纪商买卖规定范围内的对方交易所上市的股票。沪港通包括沪股通和港股通。

**两地投资者**

内地投资者
借道"港股通"投资港股

香港投资者
借道"沪股通"投资 A 股

**两个交易所**

上海证券交易所

香港联合交易所有限公司

**两地证券交易服务公司**

上交所在香港设立的证券交易服务公司

香港联交所在内地设立的证券交易服务公司

**两地结算公司**

中国证券登记结算有限公司

香港中央结算有限公司

**两地监管部门**

中国证券监督管理委员会

香港证券及期货事务监察委员会

沪港通有何特点？

| 1 | 借鉴市场互联互通的国际经验，为投资者提供高效、便捷的证券交易服务 |
| 2 | 双向开放，两地市场向两地投资者开放 |
| 3 | 对投资者双向采用人民币交收 |
| 4 | 试点初期实行额度控制 |
| 5 | 通过沪港通可以买卖的两地市场股票限于有关监管机构批准的范围 |
| 6 | 坚持对等和遵循本地规则的原则，尽量不改变两地现行的法律法规和市场惯例 |

**图 1–1　一张图看懂沪港通**

什么是沪股通？

投资者委托香港经纪商，经由香港联合交易所设立的证券交易服务公司，向上海证券交易所进行申报，买卖规定范围内的上海证券交易所上市的股票

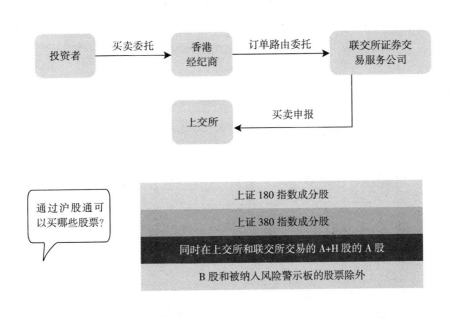

通过沪股通可以买哪些股票？

上证 180 指数成分股

上证 380 指数成分股

同时在上交所和联交所交易的 A+H 股的 A 股

B 股和被纳入风险警示板的股票除外

哪些人可以成为沪股通投资者？

被香港联交所接纳，而通过沪股交易通买卖沪股通股票的联交所参与者或其客户为沪股通投资者

图 1-2 一张图了解沪股通

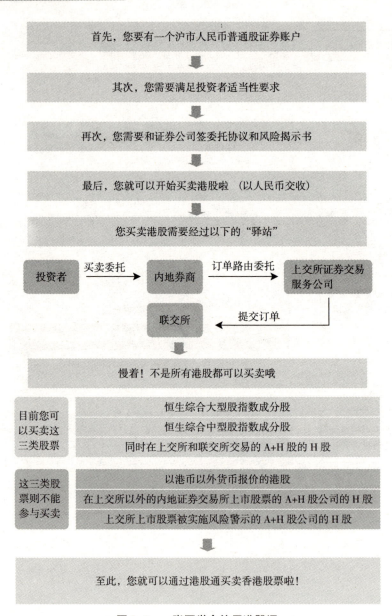

图1-3 一张图学会使用港股通

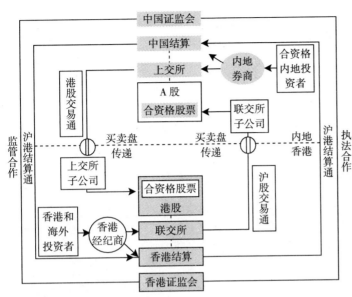

**沪港通的主要特点**

· 交易总量过境，实现最大价格发现

· 结算及交收净量过境，实现最小跨境流动

· 人民币境外换汇，实现全程回流

· 结算及交收全程封闭，实现风险全面监控

· "本地原则"为主，"主场规则"优先

· 结构高度对称，利益高度一致

· 试点模式结构灵活，可供未来扩容、扩量、扩市

**可投资标的**

| 指数成分股 | 恒生综合大型股 * 恒生综合中型股 * |
| A+H 股 | 同时在上交所上市的 H 股 * |

* 不包括在内地其他交易所上市的 A+H 股及不以港币交易的港股

股票总数 =266（截至 2014 年 4 月 10 日）

市值
（占总市值的比重）

合资格股票 =82%

日均成交金额
（占总成交金额的比重）

合资格股票 =78%

注：市值截至 2014 年 3 月 31 日；日均成交金额为 2014 年 1~3 月的数字

**额度—港股通**

| 总额度 | 人民币 2500 亿元<br>■ 每个交易日结束后计算<br>■ 总额度余额：总额度—买盘成交总额 + 卖盘成交总额 | ■ 总额度余额少于每日额度：下一个交易日暂停接受买盘<br>■ 总额度余额恢复到每日额度水平之上：下一个交易日重新接受买盘 |
| 每日额度 | 人民币 105 亿元<br>■ 交易时段内实时计算<br>■ 每日额度余额：每日额度 – 买盘订单金额 + 卖盘成交金额 + 微调（买盘取消，买盘被对方交易所拒绝或买盘以更优价格成交） | ■ 如果每日额度用完的情况<br>　• 在开盘集合竞价时段内：暂停接受新的买盘，直到每日额度重新恢复有余额<br>　• 在连续竞价时段内：当天不再接受新的买盘<br>　• 在暂停接纳买盘前已被系统接纳的买盘将不受影响 |

 额度情况将在指定的时间于上交所指定的网站上公布

**图 1-4　沪港通一览**

| 交易时段 | • 开市前时段：09:00~09:30<br>　下单时间：09:00~09:15<br>• 持续交易时段：09:30~12:00<br>　及 13:00~16:00 |
| --- | --- |
| 交收周期 | • 股票交收：T+2 日<br>• 款项交收：T+2 日 |
| 交易货币 | • 人民币 |
| 价格限制 | • 无涨跌停板制度 |
| 交易 | • 允许日内回转交易<br>• 不允许场外交易 |

| 订单类型 | • 开盘前时段：竞价限价盘<br>• 持续交易时段：增强限价盘 |
| --- | --- |
| 卖空 | • 不允许 |
| 融资融券 | • 暂不得参与内地的融资融券交易 |
| 交易费用 | • 交易费：交易金额 0.005%（买卖双边）<br>• 交易征费：交易金额 0.003%*（买卖双边）<br>• 交易系统使用费：每宗交易 0.5 港元（买卖双边）<br>• 股票印花税：交易金额 0.1%（买卖双边）<br>• 股份交收费用：交易金额 0.002%（买卖双边，每边最低及最高收费分别为 2 港元及 100 港元）<br>• 证券组合费用：不超过证券组合市值的 0.008%，按自然日每日计收，具体安排请咨询您的证券公司 |

\* 由 2014 年 11 月 1 日起，交易征费将调低至 0.0027%。

图 1-5　交易规则——港股通

| 1 | 香港上市企业来自全球各地 |
|---|---|

- 在港上市公司分布在全球 27 个国家和地区

香港上市公司来源分布[①]

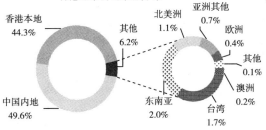

香港本地 44.3%
北美洲 1.1%
亚洲其他 0.7%
欧洲 0.4%
其他 6.2%
其他 0.1%
澳洲 0.2%
台湾 1.7%
东南亚 2.0%
中国内地 49.6%

注：由于四舍五入的原因，合计数未必相等于 100%。

| 2 | 香港上市公司行业分布广泛 |
|---|---|

- 行业分布广泛，投资选择丰富
- 可直接参与高增长的香港上市公司
- 能买卖只在香港上市的优质内地及国际企业

各行业市值分布[②]

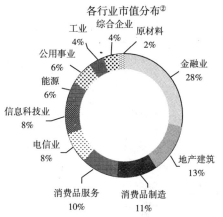

工业 4%
综合企业 4%
原材料 2%
公用事业 6%
能源 6%
信息科技业 8%
电信业 8%
消费品服务 10%
消费品制造 11%
金融业 28%
地产建筑 13%

| 3 | 市场长期表现稳定 |
|---|---|

- 香港市场过往 10 年整体表现稳定
- 10 年总回报为 89%，平均年回报为 7%
- 5 年总回报为 26%，平均年回报为 5%

恒生指数 10 年走势图（2004~2014）[③]

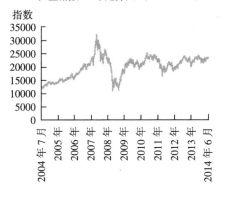

| 4 | 香港上市公司的分红情况普遍 |
|---|---|

- 香港上市公司多通过分红来回馈投资人，恒生大型股成分股超过 50% 的公司股息收益率在 3% 以上

恒生综合大型股成分股股息收益率[④]

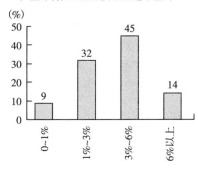

**图 1-6 香港市场概览**

资料来源：
①香港交易所 2014 年 6 月 30 日数据。
②恒生行业分类由恒生指数有限公司提供，数据截至 2014 年 6 月 30 日。
③彭博数据。
④香港交易所 2014 年 6 月 30 日数据。

表 1–2　成交金额排名前 20 名的股票一览

| 排名 | 股票名称 | 日均成交金额（亿港元） | 总市值（亿港元） | 市盈率（倍） | 股息收益率（%） | 行业 |
|---|---|---|---|---|---|---|
| 1 | 腾讯控股 | 32 | 11043 | 55.7 | 0.2 | 信息科技业 |
| 2 | 中国建设银行 | 14 | 14088 | 5.5 | 6.5 | 金融业 |
| 3 | 中国移动 | 13 | 15270 | 9.9 | 4.4 | 电信业 |
| 4 | 中国工商银行 | 12 | 4253 | 5.2 | 6.7 | 金融业 |
| 5 | 汇丰控股 | 11 | 14989 | 12.0 | 4.9 | 金融业 |
| 6 | 金沙中国 | 11 | 4722 | 27.3 | 4.3 | 消费者服务业 |
| 7 | 中国银行 | 10 | 2902 | 4.9 | 7.1 | 金融业 |
| 8 | 银河娱乐 | 10 | 2630 | 26.0 | 1.1 | 消费者服务业 |
| 9 | 中国平安 | 9 | 1878 | 13.4 | 1.4 | 金融业 |
| 10 | 友邦保险 | 8 | 4691 | 21.2 | 1.1 | 金融业 |
| 11 | 中国海洋石油 | 8 | 6215 | 8.8 | 4.1 | 能源业 |
| 12 | 中国石化 | 8 | 1885 | 10.4 | 4.1 | 能源业 |
| 13 | 中国石油 | 7 | 2066 | 11.0 | 4.1 | 能源业 |
| 14 | 和记黄埔 | 6 | 4519 | 14.5 | 8.8 | 综合企业 |
| 15 | 中国人寿 | 6 | 1511 | 18.5 | 1.9 | 金融业 |
| 16 | 香港交易所 | 6 | 1686 | 36.6 | 2.5 | 金融业 |
| 17 | 中国海外发展 | 6 | 1537 | 6.7 | 2.5 | 地产建筑业 |
| 18 | 中国农业银行 | 5 | 1051 | 5.3 | 6.5 | 金融业 |
| 19 | 联想集团 | 5 | 1101 | 17.2 | 2.3 | 信息科技业 |
| 20 | 金山软件 | 5 | 276 | 32.0 | 0.5 | 信息科技业 |

注：香港交易所数据，市值截至 2014 年 6 月 30 日，成交额为 2014 年 1~6 月。

资料来源：上海证券交易所、香港交易所。

# 第二章　沪深港通交易规则与实务

## 第一节　交易规则

### 一、最小申报价格单位

在 A 股中，最小申报价格单位是统一的，一律是 0.01 元，这是因为 A 股面额绝大多数都是 1 元，所以最小申报价格单位统一为 0.01 元。

港股对股票面值并无统一的规定，港股常见的面值包括 0.01 元、0.1 元和 1 元，港股还经常可以见到合股（十股或几十股合并为一股）或拆分的情况，所以港股的股票报价范围很广，最小申报价格单位依照不同的股票报价范围而有所差异，如表 2–1 所示。

表 2–1 最小申报价格单位

| 港股股票报价范围 | | 最小申报价格单位 |
|---|---|---|
| 由 | 0.01~0.25 | 0.001 |
| 高于 | 0.25~0.50 | 0.005 |
| 高于 | 0.50~10.00 | 0.010 |
| 高于 | 10.00~20.00 | 0.020 |
| 高于 | 20.00~100.00 | 0.050 |
| 高于 | 100.00~200.00 | 0.100 |
| 高于 | 200.00~500.00 | 0.200 |
| 高于 | 500.00~1000.00 | 0.500 |
| 高于 | 1000.00~2000.00 | 1.000 |
| 高于 | 2000.00~5000.00 | 2.000 |
| 高于 | 5000.00~9995.00 | 5.000 |

资料来源：香港交易所。

在行情提供商系统的计算机报价画面中，投资人可以从买卖单序列（买 1、买 2、买 3、卖 1、卖 2、卖 3）的间隔看出最小申报价格单位，画面中若有"单位"二字就是指最小申报价格单位。

## 二、最低申报数量

港股以"手"作为一个完整的股票买卖单位；不同于内地市场 1 手买卖单位为 100 股，在香港，上市公司自行决定其股票的整手股数，可为 50 股、100 股、200 股、500 股、1000 股等。

有以下几种方式可以查询每只股票的买卖单位：①港交所网站（www.hkex.com.hk）"市场运作"栏目内，选择"证券交易资料"——"证券名单"；②港交所网站"投资者服务中心"栏目内，选择"公司/证券资料"，输入股份代号或上市公司名称查询；③行情提供商系统。

### 三、申报最大限制

每个买卖盘手数上限为 3000 手，每个买卖盘股数上限为99999999（系统上限）。

### 四、碎股（零股）的处理

少于一个完整买卖单位（完整 1 手）的证券，香港市场称之为"碎股"（内地称"零股"）。港交所的交易系统不会为碎股进行自动对盘交易，但系统内设有"碎股/特别买卖单位市场"供投资者进行碎股交易；交易所参与者可在交易系统的指定版页挂出碎股买卖盘，供参与者自行挂盘配对。因为流通量少，碎股市场股份价格会略低于完整买卖单位市场中同一股份的价格，沪深港通业务的内地投资者只能卖出碎股，不能买入；且碎股交易为限价盘，只能按报价成交。

### 五、证券代码

港股的标准股票代码为 5 位，00001~99999，例如汇丰控股（00005）。

A 股的标准股票代码为 6 位，例如工商银行（601398）。

对于港股而言，下列情况股票代码有可能被重复使用：①临时柜台双代码（临时柜台通常不超过 2 个月）；②除牌（正常情况 12 个月内代码不会被再使用）。

## 六、已成交价格序列中各种字母或符号的含义

在港股已成交价格序列中，常会出现一些特别的字母或符号，这些代表特别的成交方式。

### （一）D

该符号表示碎股成交。

### （二）M

该符号表示非自动对盘或特别买卖单位的非两边客成交。

自动对盘交易是指当交易所参与者输入买盘及沽盘价相吻合时，由自动对盘系统自动达成买卖的交易。

两边客交易（不适用于港股通交易）是指交易所参与者，以当事人或代理人的身份同时作为买方与卖方所进行的交易。

非两边客交易（不适用于港股通交易）是指两位交易所参与者达成的交易，一方是买方而另一方是卖方。

### （三）P

该符号表示开市前成交（指交易在开市前已达成，其中包括在上一个交易日收市前达成而未及时输入系统的成交）。

### （四）U

该符号表示竞价成交。

## （五）X

该符号表示非自动对盘或特别买卖单位的两边客成交。

## （六）Y

该符号表示自动对盘的两边客成交。

## （七）◆

该符号表示自动对盘的非两边客成交。

## （八）*

该符号表示成交已遭反驳或取消。

# 七、交易时间表

表 2-2　港股交易时间

| | | 香港本地投资者 | 港股通投资者 | 备注 |
|---|---|---|---|---|
| 开市前时段<br>上午<br>9:00~9:30 | 输入买卖盘时段<br>9:00~9:15 | 竞价盘、竞价限价盘 | 竞价限价盘 | 订单可取消 |
| | 对盘前时段<br>9:15~9:20 | 竞价盘 | 不可以下单 | 订单不可取消 |
| | 对盘时段<br>9:20~9:28 | 不得输入、修改或者取消买卖盘 | | |
| | 暂停时段<br>9:28~9:30 | 不得输入、修改或者取消买卖盘 | | |
| 持续交易时段<br>上午<br>9:30~12:00，<br>下午<br>13:00~16:00 | | 限价盘、增强限价盘、特别限价盘 | 增强限价盘 | 港股通投资者可通过增强限价盘在该时段申报或取消交易，但不得修改订单。此外，12:30~13:00 可撤销申报 |

资料来源：上海证券交易所、香港交易所。

由于开市前时段内地投资者只能输入竞价限价盘，所以内地投资者开市前时段有效申报时间为 9：00~9：15。

## 八、按盘价（名义价格）

按盘价又称名义价格（Nominal Price），并不是某种交易类型所产生的价格，根据不同情况，名义价格可以指参考平衡价格（开市价）、买盘价、卖盘价、上日收盘价。

## 九、按盘价的决定

开市前时段：上午 9：00~9：30。按盘价决定原则：①如有参考平衡价格则取参考平衡价格；②如果没有参考平衡价格则取前一日收市价。

持续交易时段：上午 9：30~12：00、下午 13：00~16：00。若持续交易时段有成交的按盘价决定原则：①最优买盘价>最后录得价（最新成交价），取最优买盘价；②最优卖盘价<最后录得价（最新成交价），取最优卖盘价；③否则，取最后录得价（最新成交价）。若持续交易时段没有成交的按盘价决定原则：①最优买盘价>前一日收市价，取最优买盘价；②最优卖盘价<前一日收市价，取最优卖盘价；③否则，取前一日收市价。

## 十、开市前时段的交易指令种类

系统在开市前时段只接受输入竞价盘及竞价限价盘，而输入系统的买卖盘价格不可偏离上日收市价 9 倍或以上。

（1）竞价盘（不适用于港股通交易），是没有指定价格的市价盘，在输入系统后按最终参考平衡价格进行对盘。竞价盘享有较竞价限价盘优先的对盘次序及根据时间先后次序按最终参考平衡价格顺序对盘。在开市前时段结束后，任何未完成的竞价盘会在持续交易时段开始前自动取消。

（2）竞价限价盘，是有指定价格的买卖盘。指定价格等同最终参考平衡价格或较最终参考平衡价格更具竞争力的竞价限价盘（指定价格等同或高于最终参考平衡价格的买盘，或指定价格等同或低于最终参考平衡价格的卖盘）或可按最终参考平衡价格进行对盘，视另一方是否有足够可配对的买卖盘。竞价限价盘会根据价格及时间先后次序按最终参考平衡价格顺序对盘。竞价限价盘不会以差于最终参考平衡价格的价格对盘。在开市前时段结束后，任何未完成而输入价不偏离按盘价 9 倍或以上的竞价限价盘，将自动转至持续交易时段，并一概视为限价盘存于所输入价格的轮候队伍中。

## 十一、持续交易时段的交易指令种类

系统在持续交易时段内只接受输入限价盘、增强限价盘及特别限价盘。而输入系统的买卖盘价格不可偏离按盘价 9 倍或以上。

（1）限价盘（不适用于港股通交易），只可以指定价格配对，沽盘的输入价格不可低于最佳买入价（如有），而买盘的输入价格不可高于最佳沽出价（如有）。限价盘买盘也不可过低，买盘价格介乎低于当时最佳买盘价 24 个价位及当时最佳沽盘价之间的价格，任何未完成的限价盘，将存于所输入价格的轮候队伍中。港股中，沽出和卖出同义。

（2）增强限价盘，增强限价盘可以同时与 10 条轮候队伍进行配对，也就是输入卖盘可以较最佳买盘价低 9 个价位，输入买盘可以较最佳卖盘价高 9 个价位。配对后，任何未能成交的买卖盘余额将按此前输入的指定限价转为一般限价盘，存于所输入价格的轮候队伍中。增强限价盘买盘也不可过低，增强限价盘买盘价格介乎低于当时买盘价下的 24 个价位与及高于当时沽盘价上的 9 个价位之间。

（3）特别限价盘，（不适用于港股通交易），特别限价盘最多可同时与 10 条轮候队伍进行配对（最佳价格队伍至距离 9 个价位的第 10 条轮候队伍），只要成交的价格不差于输入价格。特别限价盘是没有输入价格的限制，只要沽盘的价格是等于或低于最佳买入价，又或者买盘的价格是等于或高于最佳沽出价，任何未完成的特别限价盘将会被取消而不会保留在系统内。

总而言之，限价盘只适合想低买的投资者（在其规定中，所限买价不可高于最佳沽出价）。特别限价盘较适合想追高的投资者，没有输入价格的限制，只要买盘的价格等于或高于最佳沽出价，都可挂单，但任何未完成的特别限价盘将会被取消而不会保留在系统内，特别限价盘不适合用于低买（在其规定中，所限买价不可低于最佳沽出价）。增强限价盘则同时适合想低买和想适度追高的投资者，如果想低买，可挂低买进，如果想追高，可设买价在低于最佳沽出价 9 个价位以内，配对后，任何未能成交的买卖盘余额将按此前输入的指定限价转为一般限价盘，存于所输入价格的轮候队伍中。

# 第二节　实例

假设 X 股票的买卖盘排序如下所示（最小跳动一档 0.01）：

卖十　1.10

卖九　1.09

卖八　1.08

卖七　1.07

卖六　1.06

卖五　1.05

卖四　1.04

卖三　1.03

卖二　1.02

卖一　1.01（最佳卖盘价）

买一　1.00（最佳买盘价）

买二　0.99

买三　0.98

买四　0.97

买五　0.96

买六　0.95

买七　0.94

买八　0.93

买九　0.92

买十　0.91

### （一）限价盘价格输入区间

买盘：［1.00（最佳买盘价）−24×0.01］＝0.76≤限价盘买盘≤1.01（最佳卖盘价）。

沽盘：1.00（最佳买盘价）≤限价盘沽盘≤［1.01（最佳卖盘价）+24×0.01］＝1.25。

### （二）增强限价盘价格输入区间

买盘：［1.00（最佳买盘价）−24×0.01］＝0.76≤增强限价盘买盘≤1.10（较最佳卖盘高9个价位）。

沽盘：0.91（较最佳买盘价高9个价位）≤增强限价盘沽盘≤1.25［1.01（最佳卖盘价）+24×0.01］。

### （三）特别限价盘价格输入区间

买盘：特别限价盘买盘≥1.01（最佳卖盘价）。

沽盘：特别限价盘沽盘≤1.00（最佳买盘价）。

## 一、港股通 T+0 可回转交易、T+2 日清算交收、T+3 日卖出资金才可取出

港股通股票和资金的清算交收在 T+2 日才会完成，但股票买入后 T+0 便可卖出（允许回转交易、当日冲销）。资金方面，在确保客户资金账户不出现透支的前提下，港股通交易应收资金可用于内地证券市场买入交易的时间，应不早于相关港股通交易应收资金的对应交收日。

就买入股票方面看，港股通买入股票后 T+0 即可卖出，但股票 T+2 日才划入投资者账户，此前体现为在途数量；用于买入的资金 T+0 即被冻结，T+2 日正式从账户中转出。

就卖出股票方面看，港股通卖出股票后 T+2 日股票才从投资者账户正式划出，此前体现为在途数量（负值）；资金 T+0 即可参与港股交易，暂定 T+3 日可从账户转出。

T 日时，客户卖出股票 800 股，此时投资者账户中显示的股票数并不会立即发生变化，仍显示为 T-1 日时的 1000 股，卖出的 800 股记为 -800 股的在途股票数量。投资者账户与在途股票合计为可交易股票数量，因此 T 日时投资者可交易股数为 200 股。从资金账户看，客户在 T 日卖出股票时，可交易资金立即增加了 800 元，但新增的 800 元并不能立即从账户中取出。T+2 日终，中国结算将投资者卖出的股票正式交给香港结算，这时股票才正式从投资者账户中划出，此时投资者账户持有数量和可交易数量都是 200 股，在途数量为 0。

从资金账户看，香港结算将资金划拨给中国结算的时间为 T+2 日下午 6:00，考虑到内地银行的结算时间，投资者资金可取出的时间暂定为 T+3 日。

## 二、港股通交易日

仅在沪港两地均为交易日且能够满足港股通结算安排时，才定为"港股通"交易日。交易所网站会披露日历供投资者参考，具体交易日安排将在交易所网站公布。

表 2-3　港股交易日举例

| 日期 | 星期 | 内地 | 香港 | 沪股通 | 港股通 |
| --- | --- | --- | --- | --- | --- |
| 9月4日 | 星期四 | 交易日 | 交易日 | 交易日 | 非交易日（4） |

续表

| 日期 | 星期 | 内地 | 香港 | 沪股通 | 港股通 |
|------|------|------|------|--------|--------|
| 9月5日 | 星期五 | 交易日 | 交易日 | 非交易日（1） | 非交易日（5） |
| 9月8日 | 星期一 | 中秋放假 | 交易日 | 非交易日（2） | 非交易日（2） |
| 9月9日 | 星期二 | 交易日 | 中秋节翌日放假 | 非交易日（3） | 非交易日（3） |

资料来源：香港交易所。

9月4日是"港股通"的非交易日。香港9月4日的交易将在9月8日进行交收，但9月8日是内地的节假日，不进行结算，因此9月4日港股通不能交易。9月5日是"港股通"的非交易日。9月5日的券商风控资金要求在9月8日进行交收，但9月8日是内地的节假日，因此9月5日港股通不能交易。

### 三、台风、暴雨等特殊情况的安排

香港台风讯号分为1、3、8、10号四个级别，暴雨讯号分为黄、红、黑三个级别；天文台发出8号或以上台风讯号或黑雨讯号，一般办公室都会停止上班或实时下班，交易所也会因天文台所发出的警告讯号作出交易调整。

表2-4　港股交易对台风暴雨等特殊情况的安排

| 警报发出时点 | 警报解除时点 | 交　易 | 交　收 |
|------|------|------|------|
| 早于开市前时段发出警报 | （1）7:00 解除 | 交易正常进行 | 正常进行资金和证券交收 |
| | （2）7:00~9:00 解除 | 开市前时段将被取消，警报解除两小时后的整点或30分钟开始交易 | |
| | （3）9:00~11:00 解除 | 上午交易取消，13:00 开始交易 | |
| | （4）11:00~11:30 解除 | 上午交易取消，13:30 开始交易 | |
| | （5）11:30~12:00 解除 | 上午交易取消，14:00 开始交易 | |
| | （6）12:00 以后解除 | 全天停止交易 | 当天不进行资金和清算交收 |

续表

| 警报发出时点 | 警报解除时点 | 交　易 | 交　收 |
|---|---|---|---|
| 开市前时段发出警报 | | 台风警报：参照前述③~⑥执行 黑雨警报：正常交易 | 12点前解除正常交收资金和证券，12点后解除仅交收证券，不交收资金 |
| 持续交易时段发出警报 | | 台风警报：警报后15分钟后停止交易，按前述③~⑥恢复交易 | 12点前解除正常交收资金和证券，12点后解除仅交收证券，不交收资金 |
| | | 黑雨警报：正常交易 | 正常进行资金和证券交收 |

资料来源：香港交易所。

## 四、港股通收费

表2-5　港股通收费

| 类别 | 类别 | 项目 | 缴付对象 | 收费/计算标准 |
|---|---|---|---|---|
| 交易税费（交港交所或由港交所代收） | 交易税费 | 印花税 | 税务局 | 双边，按成交金额的0.1%计收（取整到元，不足1元按1元计） |
| | | 交易征费 | 香港证监会 | 双边，按成交金额的0.003%计收，四舍五入至小数点后两位（2014年11月1日起调低至0.0027%） |
| | | 交易费 | 港交所 | 双边0.005%（四舍五入至小数点后两位） |
| | | 交易系统使用费 | | 双边，每笔交易0.5港元 |
| 结算收费（交香港结算） | 结算及交收服务 | 股份交收费 | 香港结算 | 双边，按成交金额的0.002%计收，每边最低及最高收费分别为2元及100元（四舍五入至小数点后两位） |
| | 证券托管服务 | 证券组合费 | 香港结算代理人 | 根据持有港股的市值设定不同的费率 |

资料来源：香港交易所。

## 五、港股通分红派息

港股派息送股过程中，与内地安排有所差异，其中包括宣布日期、除净日、截止过户日期、派息日等关键时间。

某股票的派息安排如表 2-6 所示：

表 2-6　港股通分红派息实例

| 股东权益 | | | | | |
| --- | --- | --- | --- | --- | --- |
| 宣布日期 | 除净日 | 详情 | 财政年度 | 截止过户日期 | 派息日期* |
| 08/05/2014 | | 无第1季息 | 31/12/2014 | | |
| 26/02/2014 | 22/04/2014 | 末期息 HKD1.72（可选择以股代息） | 31/12/2013 | 24/04/2014~25/04/2014 | 27/05/2014 |

资料来源：香港交易所。

投资者必须在除净日之前买进上市公司股票，才能有资格获分派股息。

除净日：除净日当天或之后买进的股票将不能获得分派股息，股价在除净日将会自然调低，以反映股息的影响（22/4）。

截止过户日期：上市公司暂停更新股东名册上股东资料的日期，以确定股东身份并派发股息（24/4—25/4）。

派息日期：上市公司派发股息的日子（27/5）。由于港股采用 T+2 日交收，投资者最迟必须在 4 月 17 日买进股票才能获得股息。

## 六、沪深港通股票分拆的交易安排

如果上市公司进行股票合并/分拆，将出现并行交易的情况，交易所会安排暂时的交易柜台和临时股票代码进行合并/分拆后的买卖，在一段时间后会重新返回原交易柜台进行交易。

以腾讯控股 "一拆五" 举例说明：

3 月 19 日：腾讯控股（00700）1 股分拆为 5 股。

5 月 15 日：此为股份拆细的生效日期。临时代码 2988，在临时柜台开始买卖，每手买卖单位 500 股。原柜台买卖（代码 0700，每手买卖 100 股）暂时关闭。

5 月 29 日：并行交易开始，价格和交易手数以拆细后的股票进行。原柜台重新开放（代码 0700 和 2988 同时可交易）。

6 月 19 日：临时柜台和临时代码取消，并行买卖结束。

## 七、港股常用词汇

供股=配股、除牌=摘牌、除净日=除权日、长仓好仓=多头仓位、对盘=报价撮合、大闸蟹=套牢、短仓淡仓=空头、沽出=卖出、覆盘=确认指令、股份拆细=分拆、核数师=审计师、红底股=股价高于 100、经纪行=券商、开市前议价=集合竞价、配售=定向增发、暗盘买卖=场外撮合、孖展=保证金户头、大手交易=大额交易、碎股=零股、神仙股=涨跌幅很大的股票、手=买卖单位、仙股=低于 1 毫的股票、做好=做多、做淡=做空、长揸=长期持有、牛皮（市况状态）=箱体交易、柜位=交易席位。

上海交易所网站（港股词汇小词典），http：//edu.sse.com.cn/col/shhkconnect/download/dictionary/。

## 八、行情互换计划

为提升行情可见性，上海交易所与香港交易所免费互换南/北向可交易股票的一档行情，通过对方交易所免费提供给对方的会员/参与者。上述行情，对方交易所或其会员/参与者应仅作内部使用，或由上海交易所会员/香港联合交易所（联交所）的会员/参与者提供给其交易客户自身使用，不能转发给其他第三方，也不能用于开发指数及其他产品。

根据香港交易所与上海证券交易所市场行情互换的安排，香港交易所将提供针对港股通交易资格范围内股票的一档价格深度的实时行情，经由上海证券交易所的平台向上交所会员发布，该行情每3秒刷新1次。

## 九、港股通投资者其他应注意事项①

（1）港股不设涨跌幅限制，投资者必须特别小心股价波动风险。香港市场的结构性产品和衍生品种类相对丰富，有可能更容易影响正股的股价波动幅度。

（2）港股允许 T+0 当日回转冲销交易，T+2 交收款券。一般券商会给予投资者信用额度。

（3）港股股票报价显示颜色和内地有差异。在内地 A 股市场，就股价显示的颜色而言，红色代表股价上涨，绿色代表股价下跌；与此不同，在联交所市场，股份上涨时，报价屏幕上显示的颜色为绿色，下跌时则为红色。

（4）港股的面额并不统一，差异很大，与 A 股的统一面额不同。投资人绝不能通过股价大小来判断是否为便宜的低价股，而是要关注市盈率（PE）和市净率（PB）等财务指标。

（5）在内地 A 股市场，每手交易单位统一为 100 股。但是，在香港市场，上市公司可以自行设立不同数量的每手股票交易单位，对此并没有统一的规定。港股通投资者对此要特别留意，避免在不

---

①资料来源：上海证券交易所、香港交易所。

了解相关规则的基础上因交易单位错误而导致损失放大。

（6）香港联交所规定，在交易所认为所要求的停牌合理而且必要时，上市公司方可采取停牌措施。此外，不同于内地 A 股市场的停牌制度，联交所对停牌的具体时长并没有量化规定，只是确定了"尽量缩短停牌时间"的原则。对此，港股通投资者要随时关注联交所及上市公司的相关公告，避免错失复牌后的投资机会。

（7）沪港两地股票市场均有退市制度。在 A 股市场，存在根据上市公司的财务状况在证券简称前加入相应标记（例如，ST 及 *ST 等标记）以警示投资者风险的做法。但是，在联交所市场，没有风险警示板，联交所采用非量化的退市标准且在上市公司退市过程中拥有相对较大的主导权，这使得联交所上市公司的退市情形较 A 股市场相对复杂，港股通投资者应予以关注。

（8）投资者要留意汇率波动风险。参与港股通投资时，港股以港元报价，人民币交收，换汇银行在开始前向中国结算提供双边报价及中间价以供市场参考，最终结汇以当天收市后的汇率为准。

（9）香港市场的总市值和交易量分别占亚太地区的 15% 和 8%（2014 年 6 月），A 股的换手率（大约 1 年 250%）显著高于港股其他地区（大约 1 年 100%）。

（10）国际性投资者参与港股的比例较高，散户较少，因此港股市场可能较受全球宏观经济和货币政策的变动影响。国际性投资者会更重视选股的安全性以及估值，因此港股中的中小盘股一般较不活跃，但要注意有些中小盘股有庄家控盘迹象，暴涨暴跌，风险很大，这就是所谓的"老千股"，投资者务必要小心谨慎。另外，香港市场的股票配售（定向增发），比较方便，一般公布股票配售后，股票大多会下跌（因股份稀释），投资人要谨慎判断股票配售是为公司发展所需还是恶意套利。

（11）港股在鼓励公司回购自己股票方面，原则上允许例外禁止，不像 A 股对回购的限制那么严格。香港投资者将回购视为利好，投资者必须密切留意回购信息。

（12）港股规定公司财务报告至少每半年公布 1 次，有些公司会公布每月或每季的营运概况，要注意有些公司的会计年度不是 1~12 月。财务报告公布前，公司可先公布盈余预喜（比预期好）或盈余预警（比预期差），投资者要特别留意这些公布信息。港交所网站（www.hkex.com.hk）的披露易有详尽的公司公布信息。

# 第三节　上海证券交易所交易规则

每个交易日：

9：15~9：25 集合竞价（9：15~9：20 可以申报和撤销；9：20~9：25 可以申报，不可以撤销）。

9：30~11：30 前市，连续竞价。

13：00~15：00 后市，连续竞价。

其他时间交易系统不接受申报单（如 9：25~9：30 不接受申报单和撤单）。

对于停牌 1 小时的股票，在停牌期间（9：30~10：30），交易系统不接受该股票的申报单和撤单。

大宗交易的交易时间为本所交易日的 15：00~15：30，本所在上述时间内受理大宗交易申报。

大宗交易用户可在交易日的 14：30 开始登陆本所大宗交易电子

系统，进行开始前的准备工作；大宗交易用户可在交易日的 15:30~
16:00 通过本所大宗交易电子系统查询当天大宗交易情况或接收当天
成交数据（交易规则的大宗交易从 9:30 开始，但尚未实施）。

在每个交易日上午 9:15~9:25，由投资者按照自己所能接受的心
理价格自由地进行买卖申报，电脑交易主机系统对全部有效委托进
行一次集中撮合处理过程，称为集合竞价。在集合竞价时间内的有
效委托报单未成交，则自动有效进入 9:30 开始的连续竞价。

开市集合竞价的订单收集阶段分为两个阶段，其中，9:15~9:20
阶段允许撤销已经提交的订单；9:20~9:25 阶段不允许撤销已经提交
的订单。

# 第四节 港股通交易规则问答

## 一、投资者如何买卖港股通股票？

答：一方面，投资者通过委托内地证券公司买卖港股通股票，
证券公司接受委托后，经由上交所证券交易服务公司，向联交所进
行申报，该申报在联交所交易平台撮合成交后，将通过相同路径向
证券公司和投资者返回成交情况；另一方面，在结算交收方面，投
资者通过证券公司与中国结算完成清算交收，中国结算作为港股通
股票的名义持有人向香港结算履行交收责任。

## 二、投资者通过沪港通买卖股票时使用哪种货币？

答：投资者参与沪港通采用人民币进行交收。内地投资者仅限于买卖港股通标的范围内的联交所上市且以港币报价的股票，以人民币进行交收。香港投资者仅限于买卖沪股通标的范围内的股票，并以人民币进行交收。

以上问题系根据上交所《沪港股票市场交易互联互通机制试点实施细则（征求意见稿）》、中国结算《沪港股票市场交易互联互通机制试点登记、存管、结算业务实施细则（征求意见稿）》予以回复，并非最终定案。该征求意见稿尚需在向市场广泛征求意见的基础上予以进一步修改完善，并需与联交所等相关各方协商一致，并报监管部门批准后才能最终确定。

## 三、投资者买卖港股通股票，是否需要与证券公司签订专门的业务合同？是否需要重新开立股票账户？

答：投资者买卖港股通股票前，应当与内地证券公司签订港股通证券交易委托协议、签署风险揭示书等。个人投资者还须满足有关港股通投资者适当性管理的条件。投资者若已有沪市人民币普通股账户的，无须另行开立股票账户。

## 四、节假日期间，沪港通交易如何安排？

答：沪港通业务将仅在沪港两地均为交易日且能够满足结算安排时开通。具体交易日安排将由两所证券交易服务公司对市场公布。

沪港通开通当年的交易日将在开通之前向市场公布。

## 五、目前，香港市场台风和黑色暴雨期间的港股交易如何安排？

答：由于地处台风和黑色暴雨的多发地，香港市场在处理台风和黑色暴雨对交易的影响上形成一套既定的成熟做法，即按照 8 号及以上台风和黑色暴雨警告（以下简称警报）发出时间在集合竞价阶段（香港称开市前时段）前、集合竞价阶段、集合竞价阶段后到16:00 3 个不同时段有不同的应对措施。具体安排如下：

（1）在集合竞价阶段前发出警报，有以下几种不同安排：

其一，7:00 前解除警报的，交易正常进行。

其二，7:00~9:00 解除警报的，集合竞价时段（香港称开市前时段）将被取消，警报解除两小时后的整点或 30 分钟开始交易（例如，如果警报在上午 7:15 解除，那么早上交易时段将于上午 9:30 开始。如果警报在上午 7:30 解除，那么早上交易时段将于上午 9:30 开始）。

其三，9:00~11:00 解除警报的，上午交易取消，13:00 开始交易。

其四，11:00~11:30 解除警报的，上午交易取消，13:30 开始交易。

其五，11:30~12:00 解除警报的，上午交易取消，14:00 开始交易。

其六，12:00 以后解除警报的，全天停止交易。

（2）在集合竞价阶段发出警报，有以下不同安排：

其一，如果是台风警报，那么集合竞价阶段结束后停止交易，按照前述（1）中所规定的解除警报情形恢复交易。

其二，如是黑色暴雨警报，那么正常交易。

（3）在集合竞价阶段后到 16：00 发出警报，有以下不同安排：

其一，如果是台风警报，那么在发出警报后 15 分钟后停止交易，按照前述（1）中所规定的解除警报情形恢复交易。

其二，如果是黑色暴雨警报，那么正常交易。

香港市场有关台风和黑色暴雨的休市及恢复上市安排，联交所将在其交易所网站上予以公开披露，内地投资者可以通过联交所网站获取相关信息。

## 六、投资者买卖港股通股票的交易时间是怎样的？

答：投资者买卖港股通股票的交易时间应遵守联交所规定，即交易日的 9：00~9：30 为开市前时段（集合竞价），其中 9：00~9：15 接受竞价限价盘；9：30~12：00 及 13：00~16：00 为持续交易时段（连续竞价），接受增强限价盘。撤单时间为 9：00~9：15；9：30~12：00；12：30~16：00。

以上问题系根据上海证券交易所《沪港股票市场交易互联互通机制试点实施细则（征求意见稿）》、中国结算《沪港股票市场交易互联互通机制试点登记、存管、结算业务实施细则（征求意见稿）》予以回复，并非最终定案。该征求意见稿尚需在向市场广泛征求意见的基础上予以进一步修改完善，并需与联交所等相关各方协商一致，并报监管部门批准后才能最终确定。

## 七、什么是联交所开市前时段？

答：联交所开市前时段用以确定开市价。

开市前时段是在早上开市前增设的交易时间。联交所参与者可在该段时间内将买卖盘输入交易系统作单一价格竞价。

在开市前时段，买卖盘积累到一段时间后，会在预先设定的对盘时段中对盘（报价撮合），也就是买卖盘会以买卖盘类别、价格及时间等优先次序按"最终参考平衡价格"顺序对盘。

在开市前时段，交易系统只接受输入"竞价盘"及"竞价限价盘"指令，其中，港股通投资者只可以输入"竞价限价盘"。输入交易系统的买卖盘价格不可偏离前一日收盘价或按盘价（最近参考平衡价）9倍或以上及少于1/9或以下，每个买卖盘不得超过3000手股份。

## 八、目前，联交所的持续交易时段是怎样规定的？

答：每个交易日的上午9:30至中午12:00、中午12:00~13:00（延续早市）以及下午13:00~16:00是联交所的持续交易时段。其中，12:00~13:00为延续早市时段，只适用于指定证券，而港股通股票不包括在内，因此，对于港股通投资者而言，在这一时段是无法参与交易的。

在持续交易时段，一方面，交易系统会按照价格优先、时间优先的原则成交；另一方面，交易系统只接受"限价盘"、"增强限价盘"及"特别限价盘"。注意，港股通投资者仅可输入"增强限价盘"，而不可输入"特别限价盘"。

在此时段，输入交易系统的买卖盘价格不可偏离按盘价（最近参考价）9倍或以上及少于1/9或以下。同时，每个买卖盘的数量不得超过3000手股份。

## 九、港股通交易以"手"为买卖单位，1手的股数是多少？

答："手"在香港证券市场术语中，即一个买卖单位。不同于内地市场每买卖单位为100股，在香港，每只上市证券的买卖单位由各发行人自行决定，可以是每手20股、100股或1000股等。投资者如果想查阅每只证券的买卖单位，那么可以登陆联交所网站，在"投资服务中心"栏目内，选择"公司/证券资料"，输入股份代号或上市公司名称以查询。

## 十、港股通股票以"手"为买卖单位，少于1手的"碎股"如何进行交易？

答：少于1手，即少于一个完整买卖单位的证券，香港市场称为"碎股"（内地称"零股"）。联交所的交易系统不会为碎股进行自动对盘交易，但是系统内设有"碎股/特别买卖单位市场"供投资者进行碎股交易。联交所参与者可在交易系统的指定版页挂出碎股买卖盘，供参与者自行挂盘配对。参与港股通业务的内地投资者对于碎股，只能卖出，不能买入。

价格低于0.01港元的证券即使属于完整的1手，但是因为价格已低于完整买卖单位市场中的交易最低价，也可在"碎股/特别买卖单位市场"交易。举个例子，如果1只股票的按盘价已低至0.01港元，那么在碎股市场输入的买卖价仍然可以低至系统设定的最低输入价：0.001港元。不过，当1只股票的按盘价已低至0.01港元，那么有关证券的输入价同样不得偏离按盘价9倍或以上。

为提高市场透明度，联交所会同时发布碎股/特别买卖单位市场的实时资料给资讯供应商。

### 十一、投资者买卖港股通股票可以使用何种订单类型进行申报？

答：沪港通向双方投资者仅提供限价类型订单，不提供市价订单等订单类型，两地投资者均不得使用市价订单。因此，投资者买卖港股通股票仅可在开市前时段使用"竞价限价盘"，在持续交易时段对于整手买卖指令使用"增强限价盘"。

### 十二、联交所的买卖盘"竞价限价盘"和"增强限价盘"有何特点？

答：首先，竞价限价盘是有指定价格的买卖盘，适用于开市前时段。指定价格应等于最终参考平衡价格，或者较最终参考平衡价格更具有竞争力的竞价限价盘（是指定价格等于或高于最终参考平衡价格的买盘，或者指定价格等于或低于最终参考平衡价格的卖盘），或者可按照最终参考平衡价格进行对盘，取决于交易对方是否有足够可以配对的买卖盘。

竞价限价盘会根据价格及时间优先次序按最终参考平衡价格顺序对盘。竞价限价盘不会以劣于最终参考平衡价的价格对盘。在开市前时段结束后，任何未完成而输入价不偏离按盘价9倍或以上，也不低于按盘价1/9或以下的竞价限价盘，都将自动转至持续交易时段，并且均被视为限价盘存于所输入价格的轮候队伍中。

其次，增强限价盘适用于持续交易时段，投资者可以其指定或者更优的价格买入或卖出股票。增强限价盘可同时与10条轮候队伍进行配对，也就是输入卖盘可以较最佳买盘价低9个价位，输入买盘可以较最佳卖盘价高 9 个价位。配对后，任何未能成交的买卖盘余额将按此前输入的指定限价转为一般限价盘，存于所输入价格的轮候队伍中。

### 十三、港股通股票的买卖盘报价规则及价位表是怎样的？

答：每个交易日首个输入交易系统的买盘和卖盘，是受一套开市报价规则所监管的。按照此规则，开市前时段内做出的开始报价不得偏离上个交易日的收市价（如有）的 9 倍或以上，也不得低于上个交易日的收市价（如有）1/9 或以下。

另外，在持续交易时段，如果首个挂牌是买盘，那么其价格必须高于或者等于上个交易日收市价下 24 个价位的价格。如果首个挂盘为卖盘，那么其价格必须低于或者等于上个交易日收市价格之上 24 个价位的价格。此外，无论是买盘或买盘，首个挂盘在任何情况下都不得偏离上个交易日收市价 9 倍或以上，也不得低于 1/9 或以下。这里的"价位"是指证券交易可允许的最小价格变动单位。

有关开市报价的详情，投资者可以登陆联交所网站，在"规则与监管"栏目下的"交易规则"选项中参阅《交易所规则》第 503 条了解。

非首个输入交易系统的买盘或卖盘报价规则为：买盘或卖盘的价格不得偏离按盘价（也就是上个交易日的收市价）9 倍或以上，也不得低于 1/9 或以下，报价规则一般不适用于竞价限价盘，但是竞价限价买盘或竞价限价卖盘的价格也不得偏离上个交易日收市价 9 倍或以上，也不得低于上个交易日收市价 1/9 或以下。

## 十四、港股通股票的收市价如何计算？

答：在正常运作情况下，港股通股票的收市价按照持续交易时段最后 1 分钟内 5 个按盘价的中位数计算。系统从下午 3:59 开始，每隔 15 秒录取股票按盘价 1 次，共摄取 5 个按盘价。按盘价是根据联交所《交易所规则》第 101 条规定，在比较了当时的买盘价、沽盘价及最后录得价后确定的。选 5 个时段按盘价的中位数可以尽量减少某一宗交易的成交价对收市价的影响，如表 2-7 所示。

表 2-7　港股通股票收市价计算实例

| 摄取 | 时间 | 买盘价 | 沽盘价 | 最后录得价 | 按盘价 |
| --- | --- | --- | --- | --- | --- |
| 第一次 | 下午 3:59:00 | $39.40 | $39.45 | $39.45 | $39.45 |
| 第二次 | 下午 3:59:15 | $39.40 | $39.45 | $39.45 | $39.45 |
| 第三次 | 下午 3:59:30 | $39.40 | $39.45 | $39.40 | $39.40 |
| 第四次 | 下午 3:59:45 | $39.35 | $39.45 | $39.40 | $39.40 |
| 第五次 | 下午 4:00:00 | $39.30 | $39.35 | $39.35 | $39.35 |

资料来源：上海交易所。

以上 5 个时段的按盘价由低到高依次为：$39.35、$39.40、$39.40、$39.45、$39.45。取中位数（中间的价格）为$39.40，因此，收市价为$39.40。

## 十五、投资者买卖港股通股票能否进行回转交易？

答：投资者买卖港股通股票，当日买入的股票，经确认成交后，在交收前可以卖出。

## 十六、投资者买卖港股通股票能否卖空？

答：投资者买卖港股通股票禁止裸卖空。

## 十七、投资者买卖港股通股票能否参与大宗交易？

答：投资者买卖港股通股票不得参与香港市场的对盘系统外交易（类似大宗交易）。

## 十八、内地投资者买卖港股通股票是否有持股比例限制？

答：现行香港特别行政区法例通常没有对单一投资者持股比例限制的相关规定，但是个别上市公司章程可能对投资者的持股比例限制有要求，因此，内地投资者参与港股通交易时还应留意并遵从相关规定。

## 十九、投资者持有港股通股票超过一定比例是否需要披露？

答：是的。根据香港特别行政区《证券及期货条例》规定，首次持有上市法团 5%或以上任何类别带有投票权的股份（香港上市法团可发行不带有投票权的股份）的个人及法团（该主体被界定为上市法团的大股东）必须披露相关信息：

（1）在该上市法团持有的带投票权的股份的权益及淡仓（空头头寸）。

（2）所持有上市法团的股本衍生工具，包括大股东持有、沽出或发行的股本衍生工具，以及大股东行使、转让或不行使该衍生工具之下的权利，该权利可能导致股份会被交付于持有人或由持有人交付他人。

（3）下列有关大股东权益及淡仓的变动：

1）持股量的百分率数字上升或下降，导致大股东的权益跨越某个处于 5% 以上的百分率整数（例如，大股东的权益由 6.8% 增至 7.1%，即跨越 7% 时需披露其权益变动）。

2）大股东持有需申报的权益，而该股份权益的性质有所改变（例如，行使期权）。

3）大股东持有需申报的权益，以及在披露期间持有或不再持有超过 1% 的淡仓（例如，大股东已持有某上市法团 6.8% 的股份权益，并持有 1.9% 的淡仓）。

4）大股东持有须申报的权益，而淡仓的百分率数字上升或下降，导致大股东的淡仓跨越了某个处于 1% 以上的百分率整数（例如，大股东已持有某上市法团 6.8% 的权益，而淡仓由 1.9% 增至 2.1%）。

在规定的情形下，大股东也可以豁免申报其新的权益。也就是说，尽管大股东取得股份权益或不再持有股份权益，以及其权益的百分率水平因跨越某个百分率水平，但是在满足相应情形规定时，无须申报其新的权益，具体如下：①其权益的百分率水平相等于或低于其在"最后一次具报"时所申报的百分率水平；②其在"最后一次申报"时所申报的权益的百分率数字与其自那时起的所有时间内的权益的百分率水平之间的差别，少于有关的上市法团属同一类别的已发行股本的 0.5%。

具体申报的时间为，大股东在知悉上述事件的当日起的 3 个营业日内。在购买股份时，大股东通常应在订立有关购买股份的合约后 3 个营业日内送交通知存档；售卖股份后，大股东通常需要在结算日（有关股份交付于买方当日）后3个营业日内送交通知存档。但是，《证券及期货条例》并未禁止该大股东在该3日内买卖有关上市发行人的股份。

以上只能扼要地说明香港《证券及期货条例》的相关规定，并无法详尽表述所有情形，因此，个别案例须视情形而定。

### 二十、港股通股票的名称中会加入风险警示标记吗？[①]

答：投资者在参与港股通交易时需留意，联交所交易股票一般而言并没有如中国内地市场在证券代号前加入标记（例如，ST及*ST）以警示风险的做法。

如果投资者想要了解某上市公司股票的风险，可以通过登录联交所"披露易"网站的方式查询相关公告：

有关上市公司的财务状况，投资者可以在"披露易"网站，通过查询上市公司发布的业绩公告及财务报告的方式了解。另外，根据《上市规则》规定，上市公司有关公告/报告需载于其网站至少5年。

有关上市公司以往是否被交易所公开披露或谴责，或该上市公司是否已进入除牌程序的信息，投资者可以通过"披露易"网站内的"上市公司公告"——"进阶搜寻"的"标题类别"中选择"监管者发出的公告及消息"，翻查相关记录。

有关已停牌上市公司的每月报告，投资者可以登录"披露易"网站，在"发行人相关资料"栏目中查阅"有关长时间停牌公司的报告"，具体了解停牌3个月或以上的上市公司的每月报告。

---

[①] 资料来源：上海证券交易所。更多有关港股通投资的信息，投资者可参阅香港联交所网站：http://www.hkex.com.hk/chi/index_c.htm。

# 第五节　港股通股票的停牌、复牌及除牌问答

## 一、港股通股票是否会在交易时段因为股价波动而突然暂停交易？

答：尽管联交所市场没有涨跌停板制度，但仍有一套关于股价及成交量波动的市场监察机制。

如果联交所通过市场监察察觉到上市发行人的股价或成交量出现异常波动，或媒体刊登了可能影响上市公司股价或交易的报道，或者市场出现了相关传闻，那么为了维持市场的公平有序，联交所会联系上市公司。上市公司必须立即对此作出回应，并履行《上市规则》中规定的持续披露义务，及时公布避免其股票出现虚假的相关资料，或者根据《证券及期货条例》第 XIVA 部规定应当予以披露的任何内幕消息，并确保这些资料能够公平发布。上市公司如果不知道有任何事宜或者发展会导致，或者可能导致其股价或成交量出现异常波动，那么应当尽快通过"披露易"及其网站刊发公告说明该情况。上市公司及时刊发了有关公告，则无须短暂停牌或停牌。

如果情况需要，例如发现或怀疑有关股价或成交量的异动是由于泄露了某些根据《证券及期货条例》第 XIVA 部规定应予披露的内幕消息所致，那么上市公司应当立即公布相关资料或者根据《证券及期货条例》第 XIVA 部须披露的任何内幕消息。否则，上市公司股票可能被联交所短暂停牌或停牌，待公告发出后再恢复交易。

有关上市公司"股价或成交量异动",是指一家上市公司的股价及/或成交量出现了没有明显原因的异常表现。例如,大市下跌,但公司股价却大幅上涨,或者成交量突然大幅增加。至于股价或成交量的波动幅度是否属于"异常",则由联交所参照有关股票的过往表现,或该股票所属行业的其他股票的表现,以及大市的整体情况等作出判断。

## 二、联交所会主动将上市公司股票停牌或除牌吗?

答:联交所在其认为适当的情况及条件下可能会指令上市公司的股票短暂停牌、停牌或除牌。具体情况:发行人(上市公司)未能遵守《上市规则》的规定,且情况严重;发行人股票的公众持股量不足;发行人进行的业务活动或拥有的资产不足以保持其证券继续上市;发行人或其业务不再适宜上市。

对于主板上市公司而言,如果其停牌已经持续很长一段时间,但未采取足够行动以争取公司股票复牌,可能会导致除牌,即公司股票被摘牌。

其一,联交所可以根据主板是《上市规则》第 17 项应用指引规定的程序将出现严重财务困难及/或未能维持足够业务运作下长期停牌的主板公司除牌。如果该上市公司的证券已停牌 6 个月或以上且又未能符合有关主板《上市规则》的规定,那么联交所将决定该公司是否需要进入除牌程序的第二阶段。进入该阶段的上市公司将有 6 个月的时间向联交所提交可行的复牌建议。如果上市公司未能在限期内提交可行的复牌建议,那么将会进入除牌程序的第三阶段。进入第三阶段除牌程序后,上市公司将有最后 6 个月时间向联交所提交可行的复牌建议。若发行人在该阶段届满时仍未能提交可行的复牌建议，上市公司的上市地位将会被取消，即被除牌。

其二，如果公司涉及被监管机构调查、存在会计失当、未能刊发财务业绩或内部监控严重不足等情形，以至于根据《上市规则》规定而停牌的，那么为维持市场公平有序及信息公开，该上市公司也将被停牌。

其三，联交所还可以根据主板《上市规则》第6.10条规定将主板公司除牌。例如，联交所认为该主板公司或其业务不再适合上市，那么联交所将刊登公告，公布该公司的名称，并列出限期，以便该公司在限期内对导致其不适合上市的事项作出补救。

例如，除主板《上市规则》第21章所界定的"投资公司"及主要或仅从事证券经纪业务的上市公司，无论是主板公司或创业板公司，如果公司全部或大部分的资产为现金或短期证券，那么联交所将视为其不适合上市并将其停牌。在停牌期间，如果该公司经营有一项适合上市的业务，那么可向联交所申请复牌。联交所会将其复牌申请视为新申请人提出的上市申请处理。如果在此情形下公司停牌持续超过12个月，或者在任何联交所认为有需要的其他情况下，联交所有权取消该公司的上市资格。

### 三、港股通股票停牌后，复牌的流程是怎样的？

答：根据联交所《上市规则》规定，上市公司股票应当尽可能持续交易，因此，暂停交易只是处理潜在及实际出现的市场特殊情况的手段，即使必须停牌，那么停牌的时间也应尽可能缩短。

如果公司被联交所停牌，那么上市公司应向市场发出简短公告解释停牌的原因，以增加市场透明度。联交所也会在停牌期间与上市公司保持持续联络，并要求上市公司在股票复牌前发出公告。

具体的复牌程序将视情况而定，联交所保留附加其认为适当的条件的权力。一般情况下，当上市发行人发出适当的公告后，或当初要求其短暂停牌或停牌的具体理由不再适用时，联交所即会让公司复牌；在其他情况下，短暂停牌或停牌将持续至发行人符合所有有关复牌的规定为止。

### 四、联交所上市公司发布澄清公告后，是否随即恢复交易？

答：联交所上市公司在公布了避免其股票出现虚假市场的任何资料或内幕消息之后，可在接下来的交易时段开始时恢复交易。相关公告应具备充足资料，以使得有关股票在公平及市场已广泛知晓相关信息的情况下恢复交易。

### 五、投资者如何处理其持有的已停牌联交所上市公司的股票？[①]

答：公司股票被联交所短暂停牌或停牌后，在停牌期间，投资者暂时不能再买卖。如果投资者持有该股票，那么应当密切留意上市公司通过"披露易"网站发布的最新公告，了解公司股票恢复交易的信息。如果主板及创业板上市公司已经被停牌3个月或以上，那么投资者可以通过"披露易"网站，在"发行人相关资料"栏目内查阅"有关长时间停牌公司之报告"，了解该上市公司的每月报告。

---

① 资料来源：上海证券交易所。更多有关港股通投资的信息，投资者可参阅香港联交所网站：http://www.hkex.com.hk/chi/index_c.htm。

# 第六节　港股通股票的信息披露问答

## 一、投资者如何获得港股通股票的披露信息?

答: 沪港通业务不改变现有沪港两地市场监管架构和市场运行模式。其中, 港股通股票的相关信息披露, 直接适用联交所上市公司信息披露的相关规定。

内地投资者既可以通过登录联交所"披露易"网站获取上市公司披露的信息, 也可以通过上市公司自设的网站等途径获取。至于上市公司自设的网站电子地址, 投资者可以通过查阅联交所网站的"网上联系"栏目获取。

投资者比较关心的年报及半年报 (香港市场称为"中期报告")等, 投资者不仅可以在"披露易"网站上查阅, 还可以向上市公司索要中文或英文的电子和印刷版本的年报。

## 二、投资者如何从"披露易"网站查阅港股通股票以往发布的信息披露文件?

答: 联交所上市公司信息披露的文件包括公告及通告, 通函, 财务报表/环境、社会及管治资料, 月报表等。通常, 联交所上市公司在发布年报前, 会预先披露全年业绩公告 (属于公告及通告的一类）。其中，投资者较为关注的公司主要经营状况、财务数据均会在全年业绩公告中有所体现。

具体而言，投资者查询上市公司公告的方式有以下几种：

一是从"披露易"网站内"上市公司公告"一栏内选择"进阶搜寻"查询上市公司的公告。具体操作时，投资者可在"现有上市证券"栏内输入股份代号或股份名称（繁体字或英文），在"标题类别"中选择"公告及通告"及"财务资料"，以查看该公司的董事会会议召开日期、业绩公告内容、股息分派详情等。

二是在"披露易"网站上，从"发行人相关资料"栏目下的"董事会会议通知"及"证券持有人享有的权益（股息及其他）"查阅近期公司发布的有关资料。

三是登陆联交所网站，在"中国证券市场网页"栏目下的"上市公司"中搜寻上市公司曾发布的公告和派息记录等。

### 三、港股通股票的最新信息及公告何时会刊登在"披露易"网站上？

答：根据规定，上市公司应当通过联交所电子呈交系统"披露易"网站发布公告。该系统的操作时间为每个交易日上午 6:00 至晚上 11:00，以及交易日之前的非交易日下午 6:00 至晚上 8:00。

提示投资者关注，不同类型文件在"披露易"网站刊登的时间不尽相同：

一是公告及通告不得在正常交易日上午 8:30 至中午 12:00 或下午 12:30 至下午 4:15，或者在圣诞节前夕、元旦前夕及农历新年前夕（不设午市交易时段）上午 8:30 至中午 12:00 刊登。但是，海外监管公告、没有附带意见的股价或成交量异动的澄清公告、没有附带意见的新闻报道或报告的澄清公告、短暂停牌或停牌公告这四项公告不受此约束，投资者可以及时了解。

二是股息及业绩公告，一般应在正常交易日中午 12：00~12：30 或下午 4：15 收盘后公布。

三是例如"通函"及"年报"等其他类型的上市公司文件，在交易日上午 6：00 至晚上 11：00 及在交易日之前的非交易日下午 6：00 至晚上 8：00 随时刊登。

投资者在了解相关规定的前提下，就可以在"披露易"网站的"最新上市公司公告"栏中浏览公司发布的最新公告了。

### 四、在哪里可以查阅到联交所上市公司股东及董事的名单？①

答：如果投资者想查询联交所上市公司的股东名单，可分为两种情况：一是持有该上市公司股票的投资者可以免费查询存放于公司股份过户处的股东名册了解；二是未持有该公司股票的投资者可以在向股份过户处缴付费用后，也可以查询该股东名册。

对于董事名单，投资者不仅可以在上市公司的年报或最近刊登的公告或通函中查看，也可到"披露易"网站上"发行人相关资料"下的"董事名单"栏目下载，或者按照股份代号、上市公司名称或董事名称查找。

提示内地投资者注意的是，当您在查阅联交所上市公司的股东名单时，可能会发现不少上市公司的大股东名单中有这样一家机构：香港中央结算（代理人）有限公司。其实，这家公司并非大型公募基金或其他机构，而是香港证券市场特有的一种制度安排。目前，

---

① 资料来源：上海证券交易所。更多有关港股通投资的信息，投资者可参阅香港联交所网站：http://www.hkex.com.hk/chi/index_c.htm。

在香港市场，有超过七成的股票（按股数计算）均存放在香港交易所旗下的中央结算及交收系统（CCASS）内，这些股份都是以香港交易所集团全资附属成员机构——"香港中央结算（代理人）有限公司"的名义登记在册的。因此，投资者可以在部分香港上市公司的股东名册上看到，"香港中央结算（代理人）有限公司"都是其中一名大股东。

此外，投资者也可以查询"香港中央结算（代理人）有限公司"这名"大股东"背后的其他相关股东信息。联交所于 2008 年 4 月 28 日增设了"CCASS 网上股权披露服务"。投资者只要在"披露易"网站上"中央结算系统持股记录查询服务"栏中输入所查询的上市公司股份代号及日期，即可查看过去 1 年内任何指定日期的每名 CCASS 的参与者，以及愿意披露的投资者账户持有人所持有的香港上市公司的持股量。

持有某联交所上市公司 5%或以上股权的投资者即是大股东，而大股东无论出售或购入公司股份时，只要其股权变动时跨越了某个整数百分点（例如，某上市公司大股东原本持股占比为 5.8%，后来购入股份后使其持股占比增加至 6.2%，也就是跨越 6%这个整数百分点），就应当在 3 个工作日内通过联交所告知市场。此外，上市公司的董事或最高行政人员也应当披露其持有的上市公司权益。投资者如果想了解这方面的资料，可以查阅"披露易"网站"股权披露"栏目下的"披露权益"部分了解。

# 第七节　跨境监管与投资者保护问答

## 一、请问未来在加强两地监管合作方面会有哪些安排？

答：对市场主体的监管，遵循不改变两地现行法律、规则及投资者交易习惯的总体原则。从监管对象来看，沪港通业务的监管权限包括上市公司、证券公司和证券交易服务公司三个方面。具体安排如下：一是对于上市公司，按照上市所在地原则进行监管；二是对于证券公司，原则上由持牌所在地监管机构监管，同时，证券公司通过沪港通代理投资者从事跨境证券交易行为时，境外监管机构有权对其跨境交易行为进行监管；三是交易所在对方市场设立承担订单转发职能的公司（证券交易服务公司），由对方监管机构颁发牌照并进行监管。

## 二、请问未来在保护投资者合法权益方面会有哪些安排？[①]

答：对于投资者，按照交易发生地原则实行保护，即投资于谁的市场，由谁进行监管。投资者还可依涉外民事诉讼法，向有管辖权的法院提起民事赔偿诉讼，并通过两地司法协助机制予以执行，

———————————

① 资料来源：上海证券交易所。更多有关港股通投资的信息，投资者可参阅香港联交所网站：http://www.hkex.com.hk/chi/index_c.htm。

维护自身合法权益。具体制度安排主要有三方面：

一是监管机构层面，在中国证监会与香港证监会于 1993 年签署的《监管合作备忘录》及其附函基础上，针对沪港通涉及的具体跨境监管问题，进一步签署补充协议，就内幕交易、操纵市场等违法交易行为认定标准差异的处理、监管信息共享机制、违法违规线索提供机制、协助调查取证和配合采取相关监管措施等方面作出具体约定。

二是交易所层面，沪、港交易所在双方《监管合作备忘录》的基础上，通过签订《监管合作补充协议》的方式，明确沪港通的具体监管合作机制。

三是考虑到目前内地与香港尚无司法协助的相关协定，民事及刑事的跨境执法只能依靠个案处理。行政执法层面双方已有过合作，但仍缺乏充分的法律依据。跨境司法协助问题将根据沪港通的实践情况积极推动、逐步解决。

# 第三章　沪深港通法规重点解读

## 《沪港股票市场交易互联互通机制试点若干规定》法条重点解读

中国证券监督管理委员会　发布于 2014 年 6 月 13 日

**第一条**　为了规范沪港股票市场交易互联互通机制试点相关活动，保护投资者合法权益，维护证券市场秩序，根据《证券法》和其他相关法律、行政法规，制定本规定。

**第二条**　本规定所称沪港股票市场交易互联互通机制（以下简称沪港通），是指上海证券交易所和香港联合交易所有限公司（以下简称香港联合交易所）建立技术连接，使内地和香港投资者可以通过当地证券公司或经纪商买卖规定范围内的对方交易所上市的股票。沪港通包括沪股通和港股通两部分。

沪股通，是指香港投资者委托香港经纪商，经由香港联合交易所设立的证券交易服务公司，向上海证券交易所进行申报，买卖规定范围内的上海证券交易所上市的股票。

港股通，是指内地投资者委托内地证券公司，经由上海证券交易所设立的证券交易服务公司，向香港联合交易所进行申报，买卖规定范围内的香港联合交易所上市的股票。

**第三条** 沪港通遵循两地市场现行的交易结算法律法规，相关交易结算活动遵守交易结算发生地的监管规定及业务规则，上市公司遵守上市地的监管规定及业务规则，证券公司或经纪商遵守所在国家或地区监管机构的监管规定及业务规则，本规定另有规定的除外。

**第四条** 中国证监会对沪港通业务进行监督管理，并通过监管合作安排与香港证券及期货事务监察委员会及其他有关国家或地区的证券监督管理机构，按照公平、公正、对等的原则，维护投资者跨境投资的合法权益。

**第五条** 上海证券交易所、香港联合交易所开展沪港通业务，应当履行下列职责：

（一）提供必要的场所和设施；

（二）在对方所在地设立证券交易服务公司，对其业务活动进行管理，督促并协助其履行本规定所赋予的职责；

（三）制定沪港通相关业务规则并进行自律管理；

（四）制定证券交易服务公司开展沪港通业务的技术标准；

（五）对沪港通交易进行实时监控，并建立相应的信息交换制度和联合监控制度，共同监控跨境的不正当交易行为，防范市场风险；

（六）管理和发布沪港通相关的市场信息；

（七）中国证监会规定的其他职责。

上海证券交易所应当按照有关监管要求，制定港股通投资者适当性管理的具体标准和实施指引，并报中国证监会备案。

**第六条** 证券交易服务公司应当按照证券交易所的相关业务规则或通过证券交易所的相关业务安排履行下列职责：

（一）上海证券交易所证券交易服务公司提供港股通相关服务；

香港联合交易所证券交易服务公司提供沪股通相关服务。

（二）提供必要的设施和技术服务。

（三）履行沪股通或港股通额度管理相关职责。

（四）制定沪股通或港股通业务的操作流程和风险控制措施，加强内部控制，防范风险。

（五）上海证券交易所证券交易服务公司应当制定内地证券公司开展港股通业务的技术标准，并对拟开展业务公司的技术系统进行测试评估；香港联合交易所证券交易服务公司应当制定香港经纪商开展沪股通业务的技术标准，并对拟开展业务公司的技术系统进行测试评估。

（六）为证券公司或经纪商提供技术服务，并对其接入沪股通或港股通的技术系统运行情况进行监控。

（七）中国证监会规定的其他职责。

**第六条解读：**此条明确了如果投资人在上海证券交易所买卖港股方面，如果有任何问题，都可以直接询问上海证券交易所。很多投资人在遇到买卖股票问题时，习惯上会先询问券商的业务人员，这里笔者要提醒投资人，券商业务人员的回答不见得正确完整，最佳的询问对象还是证券交易所。上海证券交易所公众咨询服务热线**4008888400**，可询问时间为交易日上午 8:45~11:30，下午 1:00~5:00，上海证券交易所也接受网上咨询，网址：**http://www.sse.com.cn/aboutus/contactus/**。

**第七条** 中国证券登记结算有限责任公司（以下简称中国证券登记结算公司）、香港中央结算有限公司（以下简称香港中央结算公司）开展沪港通业务，应当履行下列职责：

（一）提供必要的场所和设施；

（二）为沪港通业务提供登记、存管、结算服务；

（三）制定相关业务规则；

（四）依法提供名义持有人服务；

（五）对开展沪港通业务的登记结算参与机构的相关活动进行自律管理；

（六）中国证监会规定的其他职责。

**第八条** 内地证券公司开展港股通业务，应当遵守法律、行政法规、本规定、中国证监会其他规定及相关业务规则的要求，加强内部控制，防范和控制风险，并根据中国证监会及上海证券交易所投资者适当性管理有关规定，制定相应的实施方案，切实维护客户权益。

**第九条** 因交易异常情况严重影响沪港通部分或全部交易正常进行的，上海证券交易所、香港联合交易所可以按照业务规则和合同约定，暂停部分或者全部沪港通相关业务活动并予以公告。

**第九条解读：上海证券交易所、香港联合交易所有权力随时暂停沪港通部分或全部交易，投资人必须密切留意，上海证券交易所和香港联合交易所的公告，公告一般可在交易所网站查询或直接电话询问。**

**第十条** 上海证券交易所、香港联合交易所开展沪港通业务，限于向投资者提供规定范围内的股票交易服务和中国证监会认可的其他服务。

**第十一条** 证券交易服务公司和证券公司或经纪商不得自行撮合投资者通过沪港通买卖股票的订单成交，不得以其他任何形式在证券交易所以外的场所对通过沪港通买卖的股票提供转让服务，中国证监会另有规定的除外。

**第十一条解读：任何沪港通的交易都必须经过交易所进行，不能有任何场外交易的行为。笔者建议投资人要向券商要求出示交易**

是经过交易所的凭证。避免有些不良券商自行撮合交易。如果券商自行撮合交易，投资人的合法权益将很难得到保障。

第十二条　境外投资者的境内股票投资，应当遵循下列持股比例限制：

（一）单个境外投资者对单个上市公司的持股比例，不得超过该上市公司股份总数的 10%；

（二）所有境外投资者对单个上市公司 A 股的持股比例总和，不得超过该上市公司股份总数的 30%。

境外投资者依法对上市公司战略投资的，其战略投资的持股不受上述比例限制。

境内有关法律法规和其他有关监管规则对持股比例的最高限额有更严格规定的，从其规定。

**第十二条解读：规定了单个境外投资者和所有境外投资者对单个上市公司的投资比例上限。如果所有境外投资者对单个上市公司 A 股的持股比例总和超过该上市公司股份总数的 30％。那么交易所将禁止让境外投资者买入对该上市公司股份。所谓的战略投资是指投资者和被投资公司签订了战略投资协议，一般均包含了一些封闭期的禁售条款。**

第十三条　投资者依法享有通过沪港通买入的股票的权益。

内地投资者通过港股通买入的股票应当记录在中国证券登记结算公司在香港中央结算公司开立的证券账户。中国证券登记结算公司应当以自己的名义，通过香港中央结算公司行使对该股票发行人的权利。中国证券登记结算公司行使对该股票发行人的权利，应当通过内地证券公司事先征求内地投资者的意见，并按照其意见办理。

中国证券登记结算公司出具的股票持有记录，是港股通投资者享有该股票权益的合法证明。内地投资者不能要求提取纸面股票，中国证监会另有规定的除外。

香港投资者通过沪股通买入的股票应当登记在香港中央结算公司名下。香港投资者通过沪股通买卖股票达到信息披露要求的，应当依法履行报告和信息披露义务。

**第十三条解读：**请投资者特别注意，通过港股通买进的港股，并不是放在投资者自己名下，而是放在中国证券登记结算公司在香港中央结算公司开立的证券账户名下，投资者的任何权益，例如投票、分红，都必须通过中国证券登记结算公司在香港中央结算公司开立的证券账户而间接执行。而且内地投资者不能要求提取纸面股票，只能查看持股记录。当然，中国证券登记结算公司的公信力是无可置疑的，但是如果投资人需要用自己名义持有港股，就不适合通过港股通来买进港股。

**第十四条**　对于通过港股通达成的交易，由中国证券登记结算公司承担股票和资金的清算交收责任。对于通过沪股通达成的交易，由香港中央结算公司承担股票和资金的清算交收责任。

中国证券登记结算公司及香港中央结算公司，应当按照两地市场结算风险相对隔离、互不传递的原则，互不参加对方市场互保性质的风险基金安排；其他相关风险管理安排应当遵守交易结算发生地的交易结算风险管理有关规定。

**第十五条**　投资者通过沪港通买卖股票，应当以人民币与证券公司或经纪商进行交收。

**第十五条解读：**这个条款非常重要，明确规定了内地投资人通过沪港通买进港股，不需要准备港元交收，而是直接用人民币交收。请注意，港股的报价当然以港元为主，只是内地投资人的交收款全都是人民币。至于汇率兑换价格，则是以交收当时的汇率牌价为准。这个规定，可以避免投资人自己以个人身份互换人民币和港元时所面临的外汇管制问题，因为内地对于以个人身份换汇的限制较多。比较有趣的是香港投资人买卖内地股票也要以人民币来交收，如此香港投资人手上必须要有离岸人民币（指在香港的境外人民币），香港人民兑换人民币，也受到了许多规范，才能买进内地股票。

第十六条　对违反法律法规、本规定以及中国证监会其他有关规定的，中国证监会依法采取监督管理措施；依法应予行政处罚的，依照《证券法》、《行政处罚法》等法律法规进行处罚；涉嫌犯罪的，依法移送司法机关，追究刑事责任。

中国证监会与香港证券及期货事务监察委员会和其他有关国家或地区的证券监督管理机构，通过跨境监管合作机制，依法查处沪港通业务相关跨境违法违规活动。

第十七条　上海证券交易所、中国证券登记结算公司依照本规定的有关要求，制定沪港通的业务规则，报中国证监会批准后实施。

第十八条　证券交易所、证券交易服务公司及结算机构应当妥善保存履行本规定所规定的职责形成的各类文件、资料，保存期限不少于 20 年。

第十九条　本规定自公布之日起施行。

# 《上海证券交易所沪港通试点办法》条文重点解读

上海证券交易所  发布于 2014 年 9 月 26 日

## 第一章  总  则

**第一条**  为规范沪港通试点相关活动，防范风险，保护投资者合法权益，根据中国证监会《沪港股票市场交易互联互通机制试点若干规定》、《上海证券交易所交易规则》及上海证券交易所（以下简称本所）其他相关业务规则，制定本办法。

**第二条**  投资者、本所会员、香港联合交易所有限公司（以下简称联交所）设立的证券交易服务公司（以下简称联交所证券交易服务公司）、本所设立的证券交易服务公司（以下简称本所证券交易服务公司）及其他市场主体参与沪港通交易及相关活动，应当遵守本办法。

沪股通交易事项（投资者证券买卖委托事项除外）和港股通交易的委托、本所会员客户管理等事项，本办法未规定的，适用《上海证券交易所交易规则》（以下简称《交易规则》）和本所其他相关业务规则。

**第二条解读：本条款定义了香港联合交易所有限公司的简称为联交所。**

**第三条**  本所对沪港通交易及相关活动实施自律管理。

# 第二章　沪股通交易

## 第一节　联交所证券交易服务公司参与沪股通业务

**第四条**　联交所证券交易服务公司参与沪股通业务，应当申请成为本所交易参与人并取得参与者交易业务单元，遵守本所对交易参与人的相关规定。

联交所证券交易服务公司不是本所会员，不享有法律、行政法规、部门规章、规范性文件和《上海证券交易所章程》、《上海证券交易所会员管理规则》等规定的本所会员权利。

**第五条**　联交所证券交易服务公司申请成为本所交易参与人，应当提交下列文件：

（一）申请书、承诺书；

（二）中国证监会、香港证券及期货事务监察委员会相关批准文件；

（三）企业法人营业执照；

（四）公司章程；

（五）沪股通业务管理制度、技术安排，以及委托联交所承担沪股通业务相关职责的安排；

（六）董事、监事、高级管理人员的个人资料；

（七）联交所参与者参与沪股通业务的承诺书文本、技术标准及其他要求；

（八）联交所证券交易服务公司与香港中央结算有限公司（以下简称香港结算）的沪股通结算协议；

（九）拟开展沪股通业务的联交所参与者名单，以及上述联交所参与者符合技术标准及其他要求的情况说明；

（十）　与沪股通有关的费用收取方式和标准；

（十一）　本所要求的其他文件。

**第六条**　联交所证券交易服务公司将联交所参与者根据投资者委托进行沪股通交易的订单向本所申报，并承担相应的交易责任。

沪股通交易申报在本所达成交易后，联交所证券交易服务公司应当承认交易结果，接受成交回报并发送给相关联交所参与者和香港中央结算有限公司。

联交所证券交易服务公司应当对联交所参与者的沪股通交易行为进行管理，并根据本所要求对沪股通违规交易行为采取必要的措施。

**第七条**　联交所证券交易服务公司可以委托联交所代为履行本办法规定的相关职责，但仍应承担相关职责未充分、适当履行的责任。

**第八条**　联交所证券交易服务公司应当建立沪股通业务风险控制措施，加强内部控制，防范业务风险。

**第九条**　联交所证券交易服务公司应当制定联交所参与者参与沪股通业务的技术标准及其他要求，并对拟开展沪股通业务的联交所参与者的技术系统进行测试评估。

**第十条**　联交所证券交易服务公司应当要求符合条件的联交所参与者签署沪股通业务承诺书，承诺书应当包括但不限于以下内容：遵守内地和香港相关法律、行政法规、部门规章、规范性文件和业务规则；认可并执行联交所证券交易服务公司基于前述规定和双方约定对其提出的相关要求，以及通过合同或者其他安排要求其客户认可并执行相关要求；认可并通过合同或者其他安排要求其客户认可本办法及本所其他业务规则关于本所责任豁免的相关规定。

**第十一条**　联交所证券交易服务公司应当为沪股通投资者、联交所参与者了解相关法律、行政法规、部门规章、规范性文件和业务规则、业务流程、费用收取方式及标准等信息，提供必要的便利和指引。

**第十二条** 联交所证券交易服务公司应当遵守内地相关法律、行政法规、部门规章、规范性文件和业务规则。

联交所证券交易服务公司应当采取适当方式，督促联交所参与者并要求联交所参与者督促其客户遵守内地相关法律、行政法规、部门规章、规范性文件和本所业务规则的规定，并要求联交所参与者向客户充分揭示沪股通交易风险以及因违反前述规定承担违法或违规责任的风险。

**第十三条** 联交所证券交易服务公司按照本办法第五条向本所提交的材料内容发生变化的，应当在变更发生后 3 个沪股通交易日内向本所提交更新材料。

联交所证券交易服务公司应当按照本所要求提供沪股通业务运行相关情况的报告。

**第十四条** 联交所证券交易服务公司发生影响或者可能影响其业务运行的重大事件时，应当立即向本所报告，说明事件的起因、目前的状态、可能产生的后果和应对措施。

**第十五条** 联交所证券交易服务公司应当妥善保存履行本办法规定职责形成的各类文件、资料，并采取适当方式要求联交所参与者妥善保存沪股通客户资料及其委托和申报记录等资料，保存期限不少于 20 年。

### 第二节 沪股通股票

**第十六条** 沪股通股票包括以下范围内的股票：

（一）上证 180 指数成分股；

（二）上证 380 指数成分股；

（三）A+H 股上市公司的本所上市 A 股。

在本所上市公司股票风险警示板交易的股票（ST、*ST 股票和退市整理股票）、以外币报价交易的股票（B 股）和具有本所认定的其他特殊情形的股票，不纳入沪股通股票。

经监管机构批准，本所可以调整沪股通股票的范围。

**第十六条解读：本条款规定了香港投资人可以买进的内地沪股通股票。所谓的沪股通股票专指在上海证券交易所上市的所有股票中可供投资人通过香港交易所买进的一部分股票。**

**第十七条**　沪股通股票之外的本所上市股票因相关指数成分股调整等原因，导致属于本办法第十六条第一款规定范围且不属于第十六条第二款规定范围的，调入沪股通股票。

H 股上市公司在本所上市 A 股，或者 A 股在本所上市的公司在联交所上市 H 股，或者公司同日在本所和联交所上市 A 股和 H 股的，其 A 股在上市满 10 个交易日且相应 H 股价格稳定期结束后调入沪股通股票。

**第十八条**　沪股通股票因相关指数成分股调整等原因，导致不再属于本办法第十六条第一款规定范围或者属于第十六条第二款规定范围的，调出沪股通股票。

**第十九条**　联交所证券交易服务公司通过其指定网站公布沪股通股票名单，相关股票调入或者调出沪股通股票的生效时间以联交所证券交易服务公司公布的时间为准。

### 第三节　交易特别事项

**第二十条**　沪股通股票以人民币报价和交易。

**第二十条解读：明确规定沪股通股票用人民币报价和交易，也就是说，香港投资人买进的内地沪股通股票，与在内地投资一样，必须用人民币报价和交易。香港投资人手上必须要有离岸人民币（指在香港的境外人民币）才能买进内地股票。**

第二十一条 沪股通交易日和交易时间由联交所证券交易服务公司在其指定网站公布。

第二十二条 沪股通交易采用竞价交易方式，本所另有规定的除外。

第二十二条解读：规定沪港通股票，是采用竞价交易方式。竞价交易，是指按照"价格优先"原则和"时间优先"原则让所有买方和卖方通过公开竞价形式来确定证券买卖价格的方式。"价格优先"原则中，买进申报以较高价格者优先，卖出申报以较低价格者优先。申买价高于即时揭示最低卖价，以最低申卖价成交；申卖价低于最高申买价，以最高申买价成交。两个委托如果不能全部成交，剩余的继续留在单上，等待下次成交。在"时间优先"原则中，买卖方向、价格相同的，先申报者优先，预后申报者先后顺序按交易主机接受申报的时间来确定。沪股通交易采用竞价交易方式，暂不参加大宗交易；其交易申报采取限价申报，暂不采用市价申报。

第二十三条 沪股通交易申报采用限价申报，本所另有规定的除外。

沪股通限价申报指令应当包括证券账号、经纪商代码、证券代码、买卖方向、数量、价格等内容。

本所根据监管需要，可以要求联交所证券交易服务公司提供其交易申报涉及的投资者信息。

第二十三条解读：限价申报是指一种规定了买进时所支付的最高价格和卖出时可以接受的最低价格的交易指令，一旦市场价格达到或优于指定的价格，就按指定的价格成交。而市价申报是指不限定价格，只要市场上有足够的买卖申报量，就即时按照指定量而即时全数成交。沪股通交易申报只能采用限价申报不能采用市价申报。本条款也对提供沪股通投资者信息提出了要求，明确规定上海证券交易所可以根据监管需要，要求香港联交所证券交易服务公司提供交易申报涉及的投资者信息。这一规定使得沪股通中的上海证券交易所能及时获取申报背后的投资者信息。

第二十四条　根据本办法第十八条被调出沪股通股票且仍属于本所上市股票的，不得通过沪股通买入，但可以卖出。

第二十四条解读：投资人不必担心已买进的沪股通股票如果被调出沪股通股票范围时的卖出问题。

第二十五条　沪股通股票保证金交易和担保卖空的标的股票，应当属于本所市场融资融券交易的标的证券范围。

第二十五条解读：只要在上海证券交易所融资融券交易的标的证券范围内，容许沪股通股票融资（保证金交易）和融券放空（担保卖空）。所谓融资融券是一种保证金交易形式，投资者向具有融资融券业务资格的证券公司提供担保物，借入资金买入证券（融资交易）或借入证券并卖出（融券交易）。这将使投资者的有限资金产生杠杆式倍数效应，并可提供放空股票途径，发挥多空双向均衡功能，进而活跃市场。

第二十六条　联交所证券交易服务公司应当对属于沪股通股票担保卖空的交易申报予以特别标识。

担保卖空的申报价格不得低于该股票的最新成交价；当天没有成交的，申报价格不得低于其前收盘价。

联交所证券交易服务公司应当促使联交所参与者要求其客户，在未归还为担保卖空而借入的股票前卖出相同股票的委托价格应当符合前款要求，但超出未归还股票数量的部分除外。

第二十六条解读：融券放空（担保卖空）沪股通股票的申报价格不得低于该股票的最新成交价，当天没有成交的，申报价格不得低于其前收盘价，主要是为了避免恶意放空，打压股价。此外，本条款还规定了投资者在归还融券放空的沪股通股票前，所有卖出相同股票的委托价格必须符合上述的申报价格要求。

**第二十七条**　单个沪股通交易日的单只沪股通股票担保卖空比例不得超过 1%；连续 10 个沪股通交易日的单只沪股通股票担保卖空比例累计不得超过 5%。联交所证券交易服务公司应当根据前述比例要求进行前端控制。

联交所证券交易服务公司应当于每一沪股通交易日日终，通过其指定网站披露沪股通股票担保卖空比例。

本所可以根据市场情况，调整本条第一款规定的担保卖空比例限制，或者暂停接受沪股通股票担保卖空申报。

**第二十七条解读：本条款规定了融券放空（担保卖空）沪股通股票的比例限制。**

**第二十八条**　属于沪股通股票的单只股票，在本所市场进行融资交易的融资监控指标达到规定比例而被本所暂停融资买入的，本所可以要求联交所证券交易服务公司暂停提交该沪股通股票保证金交易申报。该股票的融资监控指标降低至规定比例而被本所恢复融资买入的，本所可以通知联交所证券交易服务公司恢复提交该沪股通股票保证金交易申报。

属于沪股通股票的单只股票，在本所市场的融券余量达到规定比例而被本所暂停融券卖出的，本所可以要求联交所证券交易服务公司暂停提交该沪股通股票担保卖空交易申报。该股票的融券余量降低至规定比例而被本所恢复融券卖出的，本所可以通知联交所证券交易服务公司恢复提交该沪股通股票担保卖空交易申报。

**第二十九条**　除下列情形外，不得进行沪股通股票非交易过户：

（一）为担保卖空而进行的期限不超过一个月的沪股通股票借贷；

（二）在自身持券范围内为满足持券检查要求而进行的为期一日

且不得展期的沪股通股票借贷；

（三）为处理错误交易而在联交所参与者与其交易客户之间进行的沪股通股票过户；

（四）基金管理人通过统一账户买入沪股通股票后，分配至其管理的各基金账户；

（五）本所和中国证券登记结算有限责任公司（以下简称中国结算）规定的其他情形。

**第二十九条解读：股票非交易过户是指非交易性质的股票过户行为，本条款规定了允许沪股通股票非交易过户的各种情况，非上述情况的沪股通股票一律不准非交易过户。**

第三十条　联交所证券交易服务公司应当采取适当方式，要求联交所参与者接受客户沪股通卖出委托时须确保客户账户内有足额的证券，不得接受客户无足额证券而直接在市场上卖出证券的委托。

**第三十条解读：本条款禁止了"裸卖空"（Naked Short Selling）行为，"裸卖空"是指投资者没有借入股票而直接在市场上卖出根本不存在的股票，而在股价进一步下跌时再买回股票获得利润的投资手法。由于"裸卖空"卖出的是不存在的股票，可卖出的量理论上没有上限，因此可运用来打压股价。**

第三十一条　通过沪股通买入的股票，在交收前不得卖出。

**第三十一条解读：通过沪股通买入的股票，在交收前不得卖出，也就是说，禁止当日冲销和回转交易。但港股通允许当日冲销和回转交易。**

第三十二条　联交所证券交易服务公司和联交所参与者不得自行撮合投资者买卖沪股通股票的订单，不得以其他任何形式在本所以外的场所提供沪股通股票转让服务，中国证监会另有规定的除外。

**第三十二条解读：任何沪股通的交易都必须经过交易所进行，**

**不能有任何场外交易的行为。**

**第三十三条**　通过联交所证券交易服务公司进行的沪股通交易，证券交易公开信息中公布的名称为"沪股通专用"。

**第三十四条**　联交所证券交易服务公司未经本所同意，不得将本所许可其使用的交易信息提供给联交所参与者及其交易客户之外的其他机构和个人使用或者予以传播，也不得用于开发指数或者其他产品。

联交所证券交易服务公司应当采取适当方式，要求联交所参与者并促使联交所参与者要求其客户遵守前款规定。

**第三十五条**　联交所证券交易服务公司应当按照本所市场收费标准交纳沪股通交易经手费等相关费用。

联交所证券交易服务公司应当与香港结算签订协议，委托香港结算就港股通交易进行清算交收、交纳交易经手费及其他相关费用。

**第三十六条**　因沪股通股票权益分派、转换、上市公司被收购等情形或者异常情况，所取得的沪股通股票以外的本所上市证券，可以通过沪股通卖出，但不得买入，本所另有规定的除外。

因沪股通股票权益分派、转换或者上市公司被收购等所取得的非本所上市证券，不得通过沪股通买入或者卖出。

**第三十六条解读：因权益分派等取得沪股通之外的上交所上市证券，可卖出但不可买入；取得的非上交所上市证券，不可通过沪股通买卖。**

**第三十七条**　本所可以根据市场需要，调整沪股通的交易方式、订单类型、申报内容及方式、业务范围、交易限制等规定。

### 第四节　额度控制

**第三十八条**　联交所证券交易服务公司对沪股通交易每日额度的使用情况进行实时监控，并在沪股通交易日日终对沪股通交易总额度的使用情况进行监控。联交所证券交易服务公司于每日交易结束后在其指定网站公布额度使用情况。

**第三十八条解读：沪股通交易每日额度的使用情况是由香港联交所负责监控并在指定网站公布，香港联交所网址：http：//www. hkex.com.hk/chi/index_c.htm。**

**第三十九条**　沪股通交易当日额度余额的计算公式为：当日额度余额=每日额度−买入申报金额+卖出成交金额+被撤销和被本所拒绝接受的买入申报金额+买入成交价低于申报价的差额。

**第四十条**　当日额度在本所开盘集合竞价阶段使用完毕的，联交所证券交易服务公司暂停接受该时段后续的买入申报，但仍然接受卖出申报。此后在本所连续竞价阶段开始前，因买入申报被撤销、被本所拒绝接受或者卖出申报成交等情形，导致当日额度余额大于零的，联交所证券交易服务公司恢复接受后续的买入申报。

当日额度在本所连续竞价阶段使用完毕的，联交所证券交易服务公司停止接受当日后续的买入申报，但仍然接受卖出申报。在上述时段停止接受买入申报的，当日不再恢复，本所另有规定的除外。

**第四十条解读：沪股通和港股通的当日额度控制存在区别，前者在集合竞价满额后可以恢复接受申报，后者却不行。当日额度在连续竞价阶段使用完时，不再接受买入申报，但仍然接受卖出申报。在上述时段停止接受买入申报的，当日不再恢复，也就是说，当日在连续竞价阶段一旦开始不再接受买入申报后，就算后续有大笔卖出，使得当日额度恢复，也不会因此再度接受买入申报。**

**第四十一条**　沪股通总额度可用余额的计算公式为：总额度余额=总额度−买入成交总金额+卖出成交对应的买入总金额。其中，卖出成交对应的买入总金额是指对卖出成交的股票按其买入的平均价格计算的总金额。

本所可以根据市场需要对前款规定的计算方式进行调整。

**第四十二条**　总额度余额少于一个每日额度的，联交所证券交易服务公司自下一沪股通交易日起停止接受买入申报，但仍然接受卖出申报。

总额度余额达到一个每日额度时，联交所证券交易服务公司自下一沪股通交易日起恢复接受买入申报。

**第四十二条解读：每日额度使用完时，下一交易日不再接受买入申报，但仍然接受卖出申报。**

**第四十三条**　联交所证券交易服务公司应当采取适当方式，要求联交所参与者并促使联交所参与者要求其客户在参与沪股通交易时，不得通过低价大额买入申报等方式恶意占用额度，影响额度控制。

**第四十三条解读：希望联交所采取适当方式，促使联交所参与者（证券商）要求其客户不要运用低价大额买入申报等方式来恶意占有额度，影响额度控制。**

**2014 年 9 月 26 日，**联交所宣布针对沪股通额度设立买盘订单的动态价格检查。买盘输入价比当前最佳竞价（如无当前最佳竞价，则为最新成交价；如无当前最佳竞价及最新成交价，则为前收市价）低于指定百分比的买盘订单将被拒绝受理。在开市集合竞价期间，当前竞价将被用作价格检查（如无当前竞价，则为前收市价）。动态价格检查将于整个交易日内全面应用，即由开市集合竞价开始前的 5 分钟输入时段直至午市连续竞价结束为止。联交所拟于沪港通运行初期将动态价格检查定为 3％。此百分比可按市况不时调整。但此措施的初期执行效果很可能不佳，未来势必会有许多恶意占有额度的现象，投资人若想买入，考虑每日早一点填好买入申报，避免额度很快被占用。目前，规定沪股通总额度为 3000 亿元，每日额度为

130 亿元；港股通总额度为 2500 亿元，每日额度为 105 亿元。

## 第五节 持股比例限制

**第四十四条** 投资者参与沪股通交易，应当遵守《沪港股票市场交易互联互通机制试点若干规定》中的持股比例限制。

**第四十四条解读：**请参考《沪港股票市场交易互联互通机制试点若干规定》第十二条 境外投资者的境内股票投资，应当遵循下列持股比例限制：

（1）单个境外投资者对单个上市公司的持股比例，不得超过该上市公司股份总数的 10%；（2）所有境外投资者对单个上市公司 A 股的持股比例总和，不得超过该上市公司股份总数的 30%。境外投资者依法对上市公司战略投资的，其战略投资的持股不受上述比例限制。境内有关法律法规和其他有关监管规则对持股比例的最高限额有更严格规定的，从其规定。

以上规定了单个境外投资者和所有境外投资者对单个上市公司的投资比例上限，如果所有境外投资者对单个上市公司 A 股的持股比例总和超过该上市公司股份总数的 30%，则交易所将禁止让境外投资者买入对该上市公司股份。所谓的战略投资是指投资者和被投资公司签订了战略投资协议，一般均包含了一些封闭期的禁售条款。

**第四十五条** 联交所证券交易服务公司应当采取适当方式，要求联交所参与者在投资者买卖沪股通股票违反有关持股比例限制时拒绝接受其交易委托、实施平仓或者采取其他制止和纠正措施。

**第四十六条** 投资者根据相关规定履行信息披露义务时，其通过沪股通交易与通过其他方式持有的同一上市公司的境内、境外上市股份应当合并计算。

**第四十六解读：**规定了通过沪股通和其他任何方式持有的一上市公司的境内、境外上市股份应当合并计算来履行信息披露义务。

**第四十七条**　当日交易结束后，单个境外投资者通过沪股通与其他方式持有同一上市公司股票合并计算超过限定比例的，应当在 5 个沪股通交易日内对超出部分予以平仓，并按照有关规定及时履行信息披露义务。

**第四十八条**　当日交易结束后，所有境外投资者通过沪股通与其他方式持有同一上市公司股票合并计算超过限定比例的，本所将按照后买先卖的原则，向联交所证券交易服务公司及其他境外投资者发出平仓通知。联交所证券交易服务公司应当及时通知联交所参与者，并要求其通知投资者。投资者应当自接到通知之日起的 5 个沪股通交易日内，对超出部分予以平仓。

其他境外投资者在 5 个沪股通交易日内自行减持导致上述持股总数降至限定比例以下的，联交所证券交易服务公司可以主动或者根据被通知减持的沪股通投资者通过联交所参与者向其提出的请求，向本所申请由原持有人继续持有原股份。

**第四十九条**　沪股通投资者未按规定对超过限定比例的股份进行处理的，联交所证券交易服务公司应当要求相关联交所参与者实施平仓。

**第四十七条、第四十八条和第四十九条解读：**超出比例限制的，必须在 5 个沪股通交易日内，对超出部分予以平仓，投资者若未按规定平仓，联交所证券交易服务公司应当要求相关联交所参与者实施平仓（证券商主动为投资人强迫平仓）。一般强迫平仓的卖出价格较难掌控，所以建议投资人最好是自己在规定期限内平仓。

# 第三章 港股通交易

## 第一节 本所会员参与港股通业务

**第五十条** 本所会员参与港股通业务，应当符合本所证券交易服务公司规定的技术标准及其他要求。

**第五十一条** 本所会员参与港股通业务，应当与本所证券交易服务公司签订港股通服务合同，约定双方的权利和义务。

**第五十二条** 本所会员参与港股通业务，适用本所有关会员对客户交易行为管理的规定。

**第五十三条** 本所会员应当向客户充分揭示港股通投资风险，督促客户遵守内地和香港相关法律、行政法规、部门规章、规范性文件和业务规则，接受本所监管。

**第五十四条** 本所会员可以按照约定与本所证券交易服务公司终止港股通服务合同，但应当对其客户作出妥善安排。

**第五十五条** 本所证券交易服务公司可以与本所会员约定，发生下列情形之一的，本所证券交易服务公司有权暂停提供港股通服务或者终止港股通服务合同：

（一）会员违反相关法律、行政法规、部门规章、规范性文件和业务规则；

（二）会员不配合本所对港股通交易行为的调查、取证和其他监管行为；

（三）会员相关业务、技术系统出现重大故障，无法为客户提供港股通交易服务；

（四）合同约定的其他情形。

**第五十六条** 本所证券交易服务公司可以委托本所代为履行本

办法规定的相关职责，但仍应承担相关职责未充分、适当履行的责任。

## 第二节　港股通股票

**第五十七条**　港股通股票包括以下范围内的股票：

（一）恒生综合大型股指数的成分股；

（二）恒生综合中型股指数的成分股；

（三）A+H股上市公司的H股。

本所上市A股为风险警示板股票的A+H股上市公司的相应H股、同时有股票在本所以外的内地证券交易所上市的发行人的股票、在联交所以港币以外货币报价交易的股票和具有本所认定的其他特殊情形的股票，不纳入港股通股票。

经监管机构批准，本所可以调整港股通股票的范围。

**第五十七条解读：本条款规定了内地投资人可以买进的香港港股通股票。所谓的港股通股票专指在香港证券交易所上市的所有股票中可供投资人通过上海证券交易所买进的一部分股票。**

**第五十八条**　港股通股票之外的股票因相关指数成分股调整等原因，导致属于本办法第五十七条第一款规定范围且不属于第五十七条第二款规定范围的，调入港股通股票。

A股在本所上市的公司在联交所上市H股，或者H股上市公司在本所上市A股，或者公司同日在本所和联交所上市A股和H股的，其H股在价格稳定期结束且相应A股上市满10个交易日后调入港股通股票。

**第五十九条**　港股通股票因相关指数成分股调整等原因，导致不再属于本办法第五十七条第一款规定范围或者属于第五十七条第二款规定范围的，调出港股通股票。

**第六十条**　本所证券交易服务公司通过其指定网站公布港股通股票名单，相关股票调入或者调出港股通股票的生效时间以本所证券交易服务公司公布的时间为准。

### 第三节　交易特别事项

**第六十一条**　投资者应当通过沪市人民币普通股票账户进行港股通交易。

**第六十一条解读：**内地投资人进行港股通交易时，不需另开账户，只需通过沪市人民币普通股票账户交易。

**第六十二条**　港股通交易以港币报价，投资者以人民币交收。

**第六十二条解读：**该条款明确了内地投资人通过沪港通买进港股，不需要准备港币交收，而是直接用人民币交收，请注意，港股的报价是以港币为主，只是内地投资人的交收款全都是人民币。

**第六十三条**　港股通交易日和交易时间由本所证券交易服务公司在其指定网站公布。每个港股通交易日的交易时间包括开市前时段和持续交易时段，具体按联交所的规定执行。

发生本所证券交易服务公司认定的特殊情形，导致或者可能导致港股通交易无法正常进行的，本所证券交易服务公司可以调整港股通交易日、交易时间并向市场公布。

**第六十三条解读：**港股通交易日和交易时间将由上海证券交易所证券交易服务公司在其指定网站公布（上海证券交易所网址：http：//www.sse.com.cn），具体按香港联交所的规定执行。由此看来，仅在沪港两地均为交易日且能够满足港股通结算安排时，才定为港股通交易日。每个港股通交易日的交易时间包括开市前时段（类似内地的集合竞价时段）和持续交易时段（类似内地的连续竞价时段），具体按香港联交所的规定执行。有关香港交易所的交易实务于本书第二章中详述。

**第六十四条**　港股通交易通过联交所自动对盘系统进行，但投资者持有的碎股只能通过联交所半自动对盘碎股交易系统卖出。

投资者参与联交所自动对盘系统交易，在联交所开市前时段应当采用竞价限价盘委托，在联交所持续交易时段应当采用盘委托。

第六十四条解读：港股通交易，在联交所开市前时段应当采用"竞价限价盘"委托，不可使用其他种类委托。在联交所持续交易时段应当采用"增强限价盘"委托，不可使用其他种类委托。所谓"竞价限价盘"是开市前时段内委托的限价盘。在开市前时段的对盘时段结束时完成自动买卖盘配对后，除了指定价格没有偏离当时按盘价 9 倍或以上的"竞价限价盘"外，所有全数或部分未能配对的一般竞价盘将自动取消并自系统中删除，其余"竞价限价盘"将转为以输入指定价格的限价盘，在同一个交易日的持续交易时段进行自动买卖盘配对。"增强限价盘"和"限价盘"的定义请参考本书第二章。

第六十五条　港股通交易申报数量应当为该只证券的一个买卖单位或其整数倍，但卖出碎股的除外。

第六十六条　根据本办法第五十九条规定被调出港股通股票且仍属于联交所上市股票的，不得通过港股通买入，但可以卖出。

第六十七条　投资者当日买入的港股通股票，经确认成交后，在交收前即可卖出。

第六十七条解读：投资者当日买入的港股通股票，经确认成交后，在交收前即可卖出，即容许港股通股票的当日冲销和回转交易，其实本来在香港交易所交易的港股本来就容许当日冲销，本条款是顺应香港本地的交易规则。与之成对比的是，通过沪股通买入的股票，在交收前不得卖出，也就是说，香港投资人买卖内地股票是禁止当日冲销和回转交易的。沪港通中的回转交易完全按照成交地规则进行。即，沪股通交易中不可进行回转交易，当日买入的股票，在交收前不能卖出；港股通交易中可以进行回转交易，当日买入的股票，经确认成交后，在交收前可以卖出。

**第六十八条** 港股通实行全面指定交易制度，适用本所关于指定交易的相关规定。

投资者新办理或者变更指定交易的，自下一港股通交易日起方可进行港股通交易。

**第六十八条解读：** 基于投资者委托环节使用委托地规则和不改变投资者的交易习惯，港股通实行全面指定交易，适用上交所《指定交易实施细则》等现有规定。但与 A 股指定交易不同的是，投资者新办理或者变更指定交易的，自下一港股通交易日起方可进行港股通交易。

**第六十九条** 港股通实行客户交易结算资金第三方存管制度，参照 A 股交易相关规定执行。

**第七十条** 会员接受客户港股通交易委托，应当确保客户有足额可用的人民币资金或者证券。会员不得接受客户无足额可用的资金、证券而直接在市场上买入、卖出证券的委托。

**第七十条解读：** 投资人想买入港股通股票，账户必须先有足额可用的资金。

投资人想卖出港股通股票，账户必须先有足额可用的股票。不允许信用交易。这和香港实务并不相同，目前香港大多数证券商会依照客户信用情况，给予一定的信用额度，相当于证券商帮客户先行垫资垫券。

**第七十一条** 本所证券交易服务公司和本所会员不得自行撮合投资者买卖港股通股票的订单，不得以其他任何形式在联交所以外的场所提供港股通股票转让服务，中国证监会另有规定的除外。

**第七十一条解读：** 港股通股票不允许场外交易。

**第七十二条** 港股通订单已经申报的，不得更改申报价格或者申报数量，但在联交所允许撤销申报的时段内，未成交申报可以撤销。

**第七十二条解读：港股通股票订单不允许修改，但在香港联交所许可的范围内，允许撤销订单。在这种规定下，如果投资人想修改原来的申报价格或数量，只能撤销原订单，然后再重新下新订单。这条规定的原因可能是方便于额度控管。**

**第七十三条**　会员参与港股通业务，应当通过本所证券交易服务公司向联交所提交申报指令。

本所证券交易服务公司接收联交所发送的交易结果及其他交易记录后发送给会员，并由会员发送给其客户。

**第七十四条**　港股通业务中股票的即时行情等信息，由联交所发布。

会员及本所认可的其他机构未经联交所同意，不得将联交所许可其使用的交易信息提供给其客户之外的其他机构和个人使用或者予以传播，也不得用于开发指数或者其他产品。

**第七十五条**　会员应当按照有关规定妥善保存委托和申报记录等资料。

**第七十六条**　投资者进行港股通交易，应当按规定向其委托的会员交纳佣金，并按照联交所市场收费标准交纳交易费、交易系统使用费和其他费用。

**第七十七条**　因港股通股票权益分派、转换、上市公司被收购等情形或者异常情况，所取得的港股通股票以外的联交所上市证券，可以通过港股通卖出，但不得买入，本所另有规定的除外。

因港股通股票发行人供股、港股通股票权益分派或者转换等所取得的联交所上市股票的认购权利凭证在联交所上市的，可以通过港股通卖出，其行权等事宜按照中国证监会、中国结算的相关规定处理。

因港股通股票权益分派、转换或者上市公司被收购等所取得的非联交所上市证券，不得通过港股通买入或者卖出。

**第七十七条解读：因权益分派等取得港股通之外的联交所上市证券或认购权利凭证，可卖出但不可买入；取得的非香港联交所上市证券，不可通过港股通买卖。**

**第七十八条** 本所可以根据市场需要，调整港股通的交易方式、订单类型、业务范围、交易限制等规定。

第四节 额度控制

**第七十九条** 本所证券交易服务公司对港股通交易每日额度的使用情况进行实时监控，并在港股通交易日日终对港股通交易总额度的使用情况进行监控。本所证券交易服务公司于每日交易结束后在其指定网站公布额度使用情况。

**第七十九条解读：港股通交易每日额度的使用情况是由上海证券交易所证券交易服务公司负责监控并在指定网站公布，上海证券交易所网址：http://www.sse.com.cn/。**

**第八十条** 港股通交易当日额度余额的计算公式为：

当日额度余额=每日额度－买入申报金额+卖出成交金额+被撤销和被联交所拒绝接受的买入申报金额+买入成交价低于申报价的差额。

前款规定的买入申报金额、卖出成交金额、被撤销和被联交所拒绝接受的买入申报金额、买入成交价低于申报价的差额，按照中国结算每日交易开始前提供的当日交易参考汇率，由港币转换为人民币计算。

**第八十一条** 当日额度在联交所开市前时段使用完毕的，本所证券交易服务公司暂停接受该时段后续的买入申报，且在该时段结束前不再恢复，但仍然接受卖出申报。

当日额度在联交所持续交易时段使用完毕的，本所证券交易服务公司停止接受当日后续的买入申报，但仍然接受卖出申报。在上述时段停止接受买入申报的，当日不再恢复，本所另有规定的除外。

**第八十一条解读：沪股通和港股通的当日额度控制存在区别，前者在集合竞价满额后可以恢复接受申报，后者却不行。持续交易时段当日额度使用完时，不再接受买入申报，但仍然接受卖出申报。在上述持续交易时段停止接受买入申报的，当日不再恢复。也就是说，当日持续交易时段一旦开始不再接受买入申报后，就算后续有大笔卖出，使得当日额度恢复，也不会因此再度接受买入申报。**

**第八十二条**　港股通总额度可用余额的计算公式为：总额度余额=总额度−买入成交总金额+卖出成交对应的买入总金额。

前款规定的买入成交总金额、卖出成交对应的买入总金额，按照中国结算每日交易结束后提供的当日交易结算汇率，由港币转换为人民币计算。其中，卖出成交对应的买入总金额是指对卖出成交的股票按其买入的平均价格计算的总金额。

本所可以根据市场需要，对前两款规定的计算方式进行调整。

**第八十三条**　总额度余额少于一个每日额度的，本所证券交易服务公司自下一港股通交易日起停止接受买入申报，但仍然接受卖出申报。

总额度余额达到一个每日额度时，本所证券交易服务公司自下一港股通交易日起恢复接受买入申报。

**第八十三条解读：每日额度使用完时，下一交易日不再接受买入申报，但仍然接受卖出申报。**

**第八十四条**　投资者参与港股通交易，不得通过低价大额买入申报等方式恶意占用额度，影响额度控制。

第八十四条解读：要求投资者不要运用低价大额买入申报等方式来恶意占有额度，影响额度控制。未来上海证券交易所很可能会对低价大额买入申报设立一些限制，但这些措施的初期执行效果很可能不佳，未来势必会有许多恶意占有额度的现象，建议投资者若想买入，考虑每日早一点填好买入申报，避免额度很快被占用。目前规定沪股通总额度为 3000 亿元，每日额度为 130 亿元；港股通总额度为 2500 亿元，每日额度为 105 亿元。

## 第五节　投资者适当性管理

第八十五条　机构投资者参与港股通交易，应当符合法律、行政法规、部门规章、规范性文件及业务规则的规定。

第八十六条　个人投资者参与港股通交易，至少应当符合下列条件：

（一）证券账户及资金账户资产合计不低于人民币 50 万元；

（二）不存在严重不良诚信记录；

（三）不存在法律、行政法规、部门规章、规范性文件和业务规则规定的禁止或者限制参与港股通交易的情形。

本所可以根据市场情况，调整前款规定的条件。

第八十六条解读：本条款设立的最重要门槛就是要求港股通个人投资者的证券账户及资金账户资产合计不低于人民币 50 万元。并在《港股通投资者适当性管理指引》第六条中采取了较为严格的认定标准，明确规定人民币 50 万元其中不包括该投资者通过融资融券交易融入的资金和证券。这使得许多个人投资者被排除在港股通的大门之外，不过上海证券交易所可以根据市场情况，调整规定的条件。上海证券交易所的想法是慎重一点，试点初期先限制在机构投资者以及部分个人投资者，随着沪港通市场发展逐渐成熟，之后将视情况逐步放开。

**第八十七条**　投资者进行港股通交易，应当熟悉香港证券市场相关规定，了解港股通交易的业务规则与流程，结合自身风险偏好确定投资目标，客观评估自身风险承受能力。

**第八十八条**　本所会员应当制定港股通业务投资者适当性管理的标准、程序、方法以及执行投资者适当性制度的保障措施。会员制定的投资者适当性管理标准应当包括投资者的资产状况、知识水平、风险承受能力等方面。

**第八十九条**　本所会员应当向客户全面客观介绍香港证券市场法律法规、市场特点和港股通业务规则、流程。

**第九十条**　本所会员应当与参与港股通交易的客户签订委托协议，约定双方的权利和义务。

会员与客户签订委托协议前，应当向客户充分揭示港股通交易风险，并要求客户签署风险揭示书。

委托协议、风险揭示书的必备条款，由本所另行规定。

## 第四章　交易异常情况处理

**第九十一条**　发生本所认定的交易异常情况，导致或者可能导致部分或者全部沪股通交易不能正常进行的，本所可以决定采取对相关沪股通股票停牌、暂停接受部分或者全部沪股通交易申报、对本所市场临时停市等措施，并予以公告。

发生本所证券交易服务公司认定的交易异常情况，导致或者可能导致部分或者全部港股通交易不能正常进行的，本所证券交易服务公司可以决定暂停提供部分或者全部港股通服务并予以公告。

本所停牌、停市及本所证券交易服务公司暂停提供港股通服务的原因消失后，本所可以决定恢复相关沪股通交易、本所市场交易并予以公告，本所证券交易服务公司可以决定恢复港股通服务并予以公告。

**第九十二条** 沪股通交易短时间内买入或者卖出超过一定金额，构成本所业务规则规定的交易异常情况的，本所可以按照规定采取相应处置措施。

**第九十三条** 发生联交所认定的交易异常情况，导致或者可能导致部分或者全部港股通交易不能正常进行的，联交所决定对联交所市场临时停市及后续恢复交易或者采取其他措施的，本所将在接到联交所通知后对其相关公告予以转发。

发生联交所证券交易服务公司认定的交易异常情况，导致或者可能导致部分或者沪股通交易不能正常进行的，联交所证券交易服务公司可以决定暂停提供沪股通服务并予以公告。相关交易异常情况消失后，联交所证券交易服务公司可以决定恢复沪股通服务并予以公告。

**第九十四条** 因交易异常情况及本所、本所证券交易服务公司采取的相应措施造成的损失，本所、本所证券交易服务公司不承担责任。

## 第五章　自律管理

**第九十五条** 本所与联交所通过跨境监管合作加强对沪港通交易及相关信息披露行为的监督管理。

**第九十六条** 本所根据《交易规则》等业务规则的规定，对沪股通交易中的异常交易行为予以重点监控。

**第九十七条** 联交所证券交易服务公司发现沪股通交易中存在或者可能存在本所《交易规则》等业务规则规定的异常交易行为之

一的，应当及时报告本所，提醒联交所参与者并要求联交所参与者提醒其客户，并视情况采取拒绝为联交所参与者提供沪股通服务等措施。

联交所证券交易服务公司应当采取适当方式，要求联交所参与者对于在沪股通交易中存在或者可能存在本所《交易规则》等业务规则规定的异常交易行为的客户予以提醒，并视情况拒绝接受其后续的沪股通交易委托。

**第九十八条** 沪股通交易中出现违反本办法或者本所其他相关规定的行为，或者沪股通投资者违反或可能违反《上海证券交易所股票上市规则》等业务规则规定的信息披露等要求的，本所可以进行调查，要求联交所证券交易服务公司提供相关资料；本所还可以提请联交所对相关联交所参与者采取适当的调查措施。

**第九十九条** 沪股通交易中出现违反本办法或者本所其他相关规定的行为，情节严重的，本所可以提请联交所对其参与者实施相关监管措施、纪律处分，或者提请联交所要求其参与者对投资者进行口头警示、书面警示、拒绝接受其沪股通交易委托。

**第一百条** 沪股通交易中出现异常交易行为，严重扰乱本所市场秩序的，本所可以暂停或者限制联交所证券交易服务公司交易权限，或者不予接受联交所证券交易服务公司提交的涉及相关投资者的交易申报。

异常交易行为影响消除后，本所可以决定恢复联交所证券交易服务公司交易权限或者恢复接受相关交易申报。

**第一百零一条** 沪股通投资者买卖沪股通股票，违反《上海证券交易所股票上市规则》等业务规则规定的信息披露要求的，本所可以根据相关规则对其实施监管措施或者纪律处分。

**第一百零二条** 港股通投资者、本所会员参与港股通交易，不得违反本办法的规定，不得从事市场失当行为。

    **第一百零三条**  本所会员发现投资者的港股通交易存在或者可能存在市场失当行为，应当予以提醒，并可以拒绝接受其委托。会员应当将相关情况及时向本所报告。

    **第一百零四条**  应联交所提请或者在本所认为必要时，本所可以对会员及其客户在港股通交易中出现的市场失当行为或者其他违规行为采取非现场调查和现场调查措施，要求相关会员及其客户提供相关资料，并可向联交所提供相关信息。

    **第一百零五条**  本所会员及其客户在港股通交易中出现市场失当行为，情节严重的，本所应联交所提请，可以实施相应的监管措施或者纪律处分。

    **第一百零六条**  本所可以根据需要，对联交所证券交易服务公司的风险管理措施、技术系统的安全运行状况及对本所相关业务规则的执行情况等进行检查。

    **第一百零七条**  联交所证券交易服务公司违反本办法和本所其他相关规定的，本所可以实施口头警示、书面警示、监管谈话、通报批评、公开谴责等监管措施或者纪律处分。

    **第一百零八条**  本所会员及其客户违反本办法和本所其他相关规定的，本所可以实施口头警示、书面警示、监管谈话、通报批评、公开谴责等监管措施或者纪律处分。

    **第一百零九条**  沪股通投资者、港股通投资者、联交所证券交易服务公司、本所会员参与沪港通交易，违反相关法律、行政法规、部门规章、规范性文件及业务规则的规定，情节严重的，本所可以报中国证监会查处。

    **第一百一十条**  根据法律、行政法规、部门规章、规范性文件、业务规则的规定或者监管机构的要求，本所可以暂停全部或者部分沪港通交易。

**第一百一十一条**　因本所制定、修改业务规则或者根据业务规则履行自律监管职责等造成的损失，本所不承担责任。

本所会员、港股通投资者应当知晓并认可联交所业务规则中关于联交所责任豁免的相关规定。

# 第六章　附　则

**第一百一十二条**　本办法下列用语含义：

（一）沪港通：即沪港股票市场交易互联互通机制，指两地投资者委托本所会员或者联交所参与者，通过本所或者联交所在对方所在地设立的证券交易服务公司，买卖规定范围内的对方交易所上市股票。沪港通包括沪股通和港股通两部分。

（二）沪股通：指投资者委托联交所参与者，通过联交所证券交易服务公司，向本所进行申报，买卖规定范围内的本所上市股票。

（三）港股通：指投资者委托本所会员，通过本所证券交易服务公司，向联交所进行申报，买卖规定范围内的联交所上市股票。

（四）沪股通股票：指投资者可以通过沪股通买卖的规定范围内的在本所上市的股票。

（五）港股通股票：指投资者可以通过港股通买卖的规定范围内的在联交所上市的股票。

（六）沪股通投资者：指委托联交所参与者或者直接通过沪股通买卖沪股通股票的投资者。

（七）港股通投资者：指委托本所会员或者直接通过港股通买卖港股通股票的投资者。

（八）交易日：指本所市场的交易日。

（九）沪股通交易日：指联交所证券交易服务公司公布的沪股通交易日。

（十）港股通交易日：指本所证券交易服务公司公布的港股通交易日。

（十一）会员：指取得本所普通会员资格的证券公司。

（十二）联交所参与者：指符合联交所《交易所规则》定义的交易所参与者。

（十三）A股：指在本所上市的人民币普通股票。

（十四）H股：指境内注册的公司发行并在联交所上市的股票。

（十五）A+H股上市公司：指在境内注册、其股票同时在本所和联交所上市的公司。

（十六）退市整理股票：指被本所作出终止上市决定但处于退市整理期尚未摘牌的股票。

（十七）竞价限价盘：指联交所《交易所规则》规定的一种适用于联交所开市前时段的可以指定价格或者更优价格成交的买卖盘。

（十八）增强限价盘：指联交所《交易所规则》规定的一种适用于联交所持续交易时段的可以指定价格或者更优价格成交的买卖盘。

（十九）碎股：指不足一个买卖单位的证券。

（二十）价格稳定期：指在招股文件中载明的适用于该股票的稳定价格期间。

（二十一）沪股通股票保证金交易：指沪股通投资者在香港市场通过证券保证金融资获得资金买入沪股通股票。

（二十二）沪股通股票担保卖空：指沪股通投资者在香港市场通过股票借贷借入沪股通股票后，通过沪股通将其卖出。

（二十三）沪股通股票借贷：指在香港市场，联交所参与者向其交易客户或者其他联交所参与者出借沪股通股票，或者符合条件的机构向联交所参与者出借沪股通股票的行为。

（二十四）沪股通股票担保卖空比例：指单个沪股通交易日单只沪股通股票的担保卖空量，占前一沪股通交易日香港结算作为名义持有人持有的该只沪股通股票总量的比例。

（二十五）沪股通股票非交易过户：指在本所市场交易之外，对沪股通股票的实际权益拥有人进行变更。

（二十六）供股：指联交所上市公司向现有股票持有人作出供股要约，使其可以按持有股票的比例认购该公司股票，且认购权利凭证可以通过二级市场进行转让。

（二十七）公开配售：指联交所上市公司向现有股票持有人作出要约，使其可以认购该公司股票，但公开配售权益不能转让。

（二十八）市场失当行为：指香港地区法律及香港证券及期货事务监察委员会、联交所等规定的内幕交易、虚假交易、操控价格、披露关于受禁交易的资料、披露虚假或具误导性的资料以诱使进行交易、操纵证券市场及其他市场失当行为。

**第一百一十三条**　向本所会员租用本所参与者交易业务单元的机构参与港股通交易，应当与本所证券交易服务公司签订港股通服务合同，并适用本所会员参与港股通业务的相关规定，但涉及本所会员经纪业务的规定除外。

会员自营、资产管理等非经纪业务参与港股通交易，以及前款规定的机构参与港股通交易，应当符合相关监管机构的规定。

**第一百一十四条**　沪股通股票、港股通股票发行人及相关信息披露义务人的信息披露等行为监管，由股票上市地的证券交易所负责监管，适用股票上市地的法律、行政法规、部门规章、规范性文件和证券交易所业务规则。

**第一百一十五条**　香港结算作为名义持有人持有的沪股通股票变

动达到上市公司股份权益变动标准的，不适用本所有关上市公司股份权益变动信息披露的规定。

**第一百一十六条** 沪股通投资者可以通过本所网站以及中国证监会指定的其他信息披露媒体，查询沪股通股票发行人及相关信息披露义务人披露的信息。

**第一百一十七条** 港股通投资者可以通过联交所"披露易"网站和相关发行人网站，查询港股通股票发行人及相关信息披露义务人披露的信息。

**第一百一十七条解读：香港联交所的"披露易"网站能提供所有港股通股票发行人及相关信息披露义务人披露的信息。"披露易"网站网址：http：//www.hkexnews.hk。**

**第一百一十八条** 香港结算应当以自己的名义，按照沪股通投资者的意见行使对沪股通股票发行人的权利。

香港结算作为名义持有人参与本所上市公司股东大会网络投票的具体事项，由本所另行规定。

**第一百一十九条** 本所上市公司经监管机构批准向沪股通投资者进行配股的，由香港结算作为名义持有人参与认购，具体事宜适用本所有关股份发行认购的规定。

联交所上市公司经监管机构批准向港股通投资者进行供股、公开配售的，港股通投资者参与认购的具体事宜按照中国证监会、中国结算的相关规定执行。

**第一百二十条** 本所会员为港股通交易提供融资融券服务的相关事宜，由本所另行规定。

**第一百二十条解读：港股通融资融券相关事宜虽尚未确立，但本条款打开了港股通融资融券的未来业务空间。沪股通首先允许了融资融券业务，港股通的融资融券业务则有待未来完善。在两个交**

易所之间规则不同的情况下，沪港通的交易、结算及监管等安排基本上沿用两个交易所现有的规则，这可以防范市场波动。

第一百二十一条　根据本办法只能通过沪港通卖出而不能买入的证券，其交易、持股比例限制、股东权益行使、信息披露等事项参照适用本办法关于沪股通股票、港股通股票的规定。

第一百二十二条　本办法经本所理事会通过，报中国证监会批准后生效，修改时亦同。

第一百二十三条　本办法由本所负责解释。

第一百二十四条　本办法自 2014 年 9 月 26 日起施行。

# 《沪港股票市场交易互联互通机制试点登记、存管、结算业务实施细则》重点解读

2014 年 9 月 26 日中国证券登记结算有限责任公司（以下简称中国结算公司）发布了《沪港股票市场交易互联互通机制试点登记、存管、结算业务实施细则》（以下简称《实施细则》），对沪港通登记、存管和结算业务的基本模式和要求做了全面明确的规范。

《实施细则》的重点包括：

在资金清算方面，遵循"先港币清算后人民币清算"的原则。中国结算公司作为境内结算参与人的共同对手方，证券和资金结算实行分级结算。

在公司行为方面，中国结算通过境内结算参与人为港股通投资者提供名义持有人服务，服务范围包括现金红利派发、送股、股份分拆及合并、投票、公司收购及出具持有证明等。中国结算公司，办理额度内供股、额度内公开配售和以股息权益选择认购股份的服务，但暂不提供超额供股和超额公开配售的服务。投资者不能通过港股通来认购香港市场新股。对内地投资者而言，现金红利和股票红利的实际到账日将晚于上市公司公告的日期。对于内地投资者而言，中国结算公司的公司行为时间安排与香港上市公司公告的安排存在一定差异。这是因为，中国结算公司收到香港结算公司的权益资金款后，需要与银行确定换汇汇率并将外汇红利款兑换成人民币，再派发至结算参与人备付金账户。

在交收期方面，交易交收资金和证券的交收期为 T+2；公司行为

资金、风险管理资金、证券组合费的交收期为 T+1。港股通业务的交收日历安排，由中国结算根据香港结算的交收日历和上交所的港股通交易日历，以及资金汇划、风险管理等因素确定并提前向市场公布。

在换汇流程及汇率价格方面，《实施细则》规定，在开市前，中国结算公司通过上海证券交易所公布当日港币对人民币双边参考价；收市后，再根据港股通应交收金额与港股通结算银行进行净额换汇，相应换汇成本按成交金额分摊至每笔交易。对红利款和公司收购款等资金，按与港股通的结算银行商定的汇率换汇。

在结算货币方面，《实施细则》中规定，除风险管理业务以人民币结算外，中国结算公司与香港结算公司之间的其他业务以香港结算确定的币种为结算货币。中国结算与境内结算参与人之间以人民币为结算货币。

在"风险隔离"原则方面，境内结算参与人无须缴纳香港市场的保证基金，不分担香港结算公司的参与人因违约可能产生的损失。基于香港结算公司的风险管理要求，中国结算公司将根据境内结算参与人的未完成交收头寸，向境内结算参与人收取差额缴款和按金，并保留在香港结算公司对中国结算公司收取集中抵押金的情况下，向境内结算参与人分摊的权利。参与港股通业务的境内结算参与人应以结算参与人为单位缴纳 20 万元结算保证金，相关资金按结算保证金管理要求纳入互保范围。

在费用方面，境内投资者通过港股通买卖港股，需要缴纳的结算和存管费用包括股份交收费和证券组合费。相关费用均为中国结算公司代理香港结算公司不加收任何费用。此外，投资者在境内非交易过户港股时，除需要向中国结算公司缴纳过户费外，还需要按照香港税法的规定缴纳印花税。办理质押业务时，需向中国结算公司缴纳质押登记费。

# 第四章　沪港通问题及上海证券交易所回答的重点整理

## 一、沪港通的制度规则体系是怎样的?

依照上海证券交易所对沪港通的制度规则体系的解释:

除了《证券法》、香港《证券及期货条例》等上位法外,沪港通的制度、规则主要包括:

一是中国证监会和香港证监会 2014 年 4 月 10 日发布的联合公告,作为启动沪港通业务的政策性文件。

二是中国证监会于 2014 年 6 月 13 日发布的《沪港股票市场交易互联互通机制试点若干规定》,对沪港通业务的重大制度性问题作出规定,作为沪港通业务的统领规定。

三是上交所、联交所、中国结算、香港结算分别制定的交易、结算规则,对沪港通业务的交易、结算各环节作出详细规定,作为业务具体开展的规则依据。其中,上交所和中国结算的规则主要包括:上交所的《沪港通试点办法》、《港股通投资者适当性管理指引》、《香港中央结算有限公司参与沪股通上市公司网络投票实施指引》;中国结算的《沪港股票市场交易互联互通机制试点登记、存管、结算业务实施细则》;《港股通委托协议》及《风险揭示书》必备条款。

除上述规定外,投资者参与沪港通交易,还应当关注并遵守两地市场现有的法律及规则。

## 二、与目前的 A 股交易相比,沪股通交易有哪些特别要求?对投资者有什么建言?

沪股通交易的申报和成交主要遵循成交地即上交所市场的现行规则,根据实际情况,《沪港通试点办法》对沪股通交易也做了一些特别规定,包括:

(1)交易方式。沪股通交易采用竞价交易方式,暂不参加大宗交易;其交易申报采取限价申报,暂不采用市价申报。

(2)禁止行为。沪股通交易中不得进行裸卖空、回转交易和暗盘交易。

(3)权益证券处理。因权益分派等取得沪股通之外的上交所上市证券,可卖出但不可买入;取得的非上交所上市证券,不可通过沪股通买卖。

(4)沪股通股票保证金交易和担保卖空。沪股通投资者可以按照香港市场模式开展保证金交易和担保卖空,但应当符合上交所规则中的标的范围、比例限制、申报要求等规定。

## 三、与目前香港地区股票交易相比,港股通交易有哪些特别要求?对投资者有什么建言?

港股通交易的申报和成交主要遵循成交地即联交所市场规则,委托方面则较多遵循内地市场规则和习惯。根据实际情况,《沪港通试点办法》对港股通交易也做了一些特别规定，包括：

（1）交易方式。限于参加联交所自动对盘系统交易，使用竞价限价盘委托或增强限价盘委托；但碎股仅能通过联交所半自动对盘碎股系统卖出，不能买入。

（2）禁止行为。港股通交易中不得进行裸卖空、暗盘交易。

（3）权益证券处理。因权益分派等取得港股通之外的联交所上市证券或认购权利凭证，可卖出但不可买入；取得的非联交所上市证券，不可通过港股通买卖。

（4）遵循内地市场习惯的事项。包括实行全面指定交易、客户交易结算资金第三方存管、券商对客户资金和证券实行前端控制等。

## 四、什么样的投资者可以参与港股通交易？如何参与？投资者需要留意什么？

中国证监会和香港证监会《联合公告》载明，根据香港证监会的要求，试点初期参与港股通的境内投资者仅限于机构投资者及证券账户及资金账户余额合计不低于人民币 50 万元的个人投资者。

计算个人投资者资产时，其证券账户持有的证券市值均纳入计算，但其通过融资融券交易融入的资金和证券不纳入。

香港证监会有关人士明确表示，随着沪港通市场发展逐渐成熟，预期内地投资者账户资产最少有 50 万元才可经港股通买港股的相关限制将会放宽。

除此之外，机构投资者参与港股通交易还应当符合法律法规、业务规则等规定；个人投资者还应不存在严重不良诚信记录，且不存在法律法规和规则规定的限制参与港股通交易的情形，并符合会员制定的投资者适当性管理具体标准。

投资者应当持有沪市人民币普通股票账户，并在与上交所会员签署委托协议、风险揭示书后，方可参与港股通交易。

## 五、沪港通与 QFII 和 QDII 有何主要区别？

沪港通与 QFII、QDII 制度具有一定共同之处，都是在我国资本账户尚未完全开放的背景下，为进一步丰富跨境投资方式，加强资本市场对外开放程度而作出的特殊安排。

在具体制度安排上，沪港通与 QFII、QDII 又存在以下主要区别：

一是业务载体不同。沪港通以两地交易所为载体，互相建立起市场连接，并对订单进行路由，从而实现投资者跨市场投资。QFII 等是以资产管理公司为载体，通过向投资者发行金融产品吸收资金以进行投资。

二是投资方向不同。沪港通包含两个投资方向，分别是香港投资者投资上交所市场的沪股通，以及内地投资者投资香港市场的港股通。QFII 等则都是单向的投资方式。

三是交易货币不同。沪港通投资者仅以人民币作为交易货币，不论是内地投资者还是香港投资者均须以人民币进行投资；QFII 的投资者以美元等外币进行投资。

四是跨境资金管理方式不同。沪港通对资金实施闭合路径管理，卖出证券获得的资金必须沿原路径返回，不能留存在当地市场；QFII 等买卖证券的资金可以留存在当地市场。

这样看来，沪港通与 QFII、QDII 存在一定差异，且不会对后者等现行制度的正常运行造成影响，反而可以更好地实现优势互补，为投资者跨境投资提供更加灵活的选择，在促进我国资本市场双向开放方面发挥积极的作用。

六、投资者在甲证券公司购买 A 股后，可否在乙证券公司卖出？投资者卖出后，托管人可否由甲证券公司转往乙证券公司（港股通中是否实行指定交易）？沪港通中能否进行回转交易？

基于投资者委托环节使用委托地规则和不改变投资者的交易习惯，港股通实行全面指定交易，适用上交所《指定交易实施细则》等现有规定。但与 A 股指定交易不同的是，投资者新办理或者变更指定交易的，自下一港股通交易日起方可进行港股通交易。

沪港通中的回转交易完全按照成交地规则进行，即沪股通交易中不可进行回转交易，当日买入的股票，在交收前不能卖出；港股通交易中可以进行回转交易，当日买入的股票，经确认成交后，在交收前可以卖出。

七、沪港通中能否开展融资融券业务？如何开展？

沪股通中，可以按照香港市场模式开展沪股通股票保证金交易（类似融资买入）和担保卖空（类似融券卖出），但应当符合《沪港通试点办法》的相关规定。包括：交易标的应当属于上交所融资融券标的证券范围；担保卖空的申报应当具有特别标识并符合提价规则；担保卖空应当符合比例限制要求；单只股票在内地市场的融资监控指标或者融券余量达到上限时而被上交所暂停融资或融券时，沪股通中的保证金交易和担保卖空亦可随之暂停；等等。

港股通中，由于港股通股票并非上交所上市股票，目前不属于内地市场的融资融券标的范围，因此投资者暂不能对其进行融资融券交易，但相关机构正在积极研究港股通融资融券，将在条件成熟时，另行制定规则予以明确。

**八、沪股通和港股通的当日额度控制存在区别，前者在集合竞价满额后可以恢复接受申报，后者却不行，为什么？沪港通交易实行额度控制，投资者应当注意些什么？**

沪港通交易实行总额度和每日额度控制。其中，沪股通总额度为人民币 3000 亿元，每日额度为 130 亿元；港股通总额度为 2500 亿元，每日额度为 105 亿元。额度控制由两家证券交易服务公司具体实施，即沪股通额度由联交所证券交易服务公司进行管理，港股通额度由上交所证券交易服务公司进行管理。

总额度余额在每日交易结束后计算并在证券交易服务公司指定的网站上公布。若总额度余额小于每日额度，证券交易服务公司将自下一个交易日起停止接受买入申报，但仍然接受卖出申报；总额度余额达到每日额度时，自下一个交易日起恢复接受买入申报。

每日额度余额由证券交易服务公司进行实时监控，并按固定频率在其指定网站公布。若沪股通当日额度在上交所开盘集合竞价阶段使用完毕，则联交所证券交易服务公司暂停接受该时段后续的沪股通买入申报，此后在连续竞价阶段开始前，沪股通买入申报可能因当日额度余额大于零而被恢复接受；若港股通当日额度在联交所开市前时段使用完毕，则上交所证券交易服务公司暂停接受该时段后续的港股通买入申报，且在开市前时段内不再恢复。沪股通和港股通在这一时段额度恢复机制上的不对称安排，主要是由于两家证券交易服务公司在订单接收的技术处理上存在差异。具体而言，在港股通中，鉴于上交所证券交易服务公司使用的技术系统在转发港股通交易订单时，需要记录包括废单在内的每一个订单，以便券商对投资者资金进行前端控制，在开市前时段若允许恢复接受买入申报，可能出现投资者在暂停接受申报后仍频繁重试的情况，导致产生大量的"合理"废单，占据系统资源并达到系统最大容量。为避免这一情况，港股通开市前时段暂停接受买入申报后，该时段结束前不再恢复。而在沪股通中，由于香港市场不存在对投资者资金进行前端控制的安排，其技术系统无须记录废单，因此不会出现上述产生大量废单的情形。由此，沪股通集合竞价阶段暂停接受买入申报后，若出现买单撤销等情形导致当日额度余额大于零，联交所证券交易服务公司将恢复接受买入申报。

若当日额度在上交所连续竞价阶段或联交所持续交易时段使用完毕，则证券交易服务公司停止接受当日后续的沪股通或港股通买入申报，且当日不再恢复。但投资者应注意，若上交所未来对恢复机制另行作出规定，则以其后续规定为准。

### 九、沪港通中投资者能否参与配股？内地投资者通过港股通购买的港股都是由中国结算代持，如遇配股如何参与？

沪港通中上市公司能否及如何向沪股通或港股通投资者配股（香港称供股、公开配售等），将由两地监管机构进一步明确。上交所上市公司经监管机构批准向参与沪股通业务的香港投资者配股的，由香港结算作为名义持有人按照其征集的沪股通投资者意见参与股份认购，并适用上交所关于股份发行认购的现有规定。

联交所上市公司经监管机构批准向参与港股通业务的内地投资者配股的，投资者参与配股的具体事宜按照中国证监会、中国结算的规定执行。由于联交所上市公司在进行供股时会通过派发供股权（认购权利凭证）的形式进行，港股通投资者获得的供股权在联交所上市的，可以通过港股通卖出，但不能买入，其行权事宜则按照中国证监会、中国结算的规定执行。

除上述情形之外，投资者因公司权益分派、换股等公司行为取得沪港通股票之外的证券或者认购权利凭证且在联交所或上交所上市的，均可以通过沪港通卖出，但不可买入。

**十、从最终版本来看，很多原为"禁止"或"不得"的条款，现已修改为"另有规定的除外"等表述，比如"沪港通交易采用竞价交易方式，本所另有规定的除外"，请问未来还有什么可能推出的新措施？目前研究进展如何？**

沪港通是一项具有创新性的"跨境"交易机制，在其试点阶段，各方以设计相对简单、便于实现的业务路径为原则，在交易方式、业务范围等方面作了一定的限制。但未来上交所及有关机构将根据试点情况及市场反应，研究为投资者提供更多的交易方式和业务选择，例如，考虑允许投资者采取大宗交易方式、允许上交所会员为港股通交易提供融资融券服务等。出于这一考虑，《沪港通试点办法》将此前部分"禁止"、"不得"等条款改为了更具灵活性的"另有规定的除外"等规定方式，为未来的业务扩展和完善预留空间。

**十一、沪港通涉及了跨境监管问题，按照目前的《沪港通试点办法》，如果违规主体和行为跨越两个交易所，比如沪股通中的违规主体为香港监管机构监管对象，应该如何处理？如何保证这些特殊情况下的监管协作顺畅？**

为有效防范和监管沪港通中的跨境违规行为，上交所和联交所已就自律监管协作机制进行多次磋商并达成共识，将通过签署协议的方式予以落实。《沪港通试点办法》中也对此作出了相应的规定。原则上，两所各自负责监管和处分自身市场的上市公司、会员（参与者），但在沪港通中出现跨境违规行为时，两所将启动监管协作机制。例如，在香港投资者或者券商出现涉嫌违反上交所规则的异常交易行为时，上交所可以提请联交所对相关行为及涉嫌违规主体予以调查，在确认其违规时提请联交所对相关违规主体进行纪律处分或者采取监管措施，其中包括要求联交所参与者对违规的投资者进行口头警示、书面警示或者拒绝接受其交易委托等。

## 十二、可否介绍沪股通投资者参与上市公司股东大会网络投票的规则研究制定情况？

根据《沪港通试点办法》的规定，上交所正在制定《香港中央结算有限公司参与沪股通上市公司网络投票实施指引》，其中对于香港结算作为沪股通股票名义持有人参与上交所上市公司网络投票的特别事项作出了规定。主要包括：要求香港结算按照所征集沪股通投资者的意见，对每一议案的不同意见分别进行投票；对于按规定需要单独披露中小投资者表决情况的议案，要求香港结算提供沪股通中小投资者的投票数据；明确了香港结算参与投票时本次股东大会出席表决权数如何计算，以及在其未表决或者出现错票时按弃权计算等事项；详细规定了香港结算参与沪股通网络投票的操作流程。

### 十三、当沪港通出现交易异常情况时，《沪港通试点办法》设计了什么应对机制？

针对沪港通中可能出现不可抗力、技术故障、意外事件等使交易不能正常进行的交易异常情况，《沪港通试点办法》从两家交易所及两家证券交易服务公司的角度分别规定了处置措施。从交易所层面来看，上交所可以在沪股通交易中采取对相关股票停牌、暂停接受部分或全部交易申报、临时停市等措施，在联交所因交易异常情况临时停市时，上交所将转发其相关公告。从证券交易服务公司层面来看，证券交易服务公司可以决定暂停提供部分或者全部沪港通服务并向市场公告。此外，在两所及两家证券交易服务公司的交易通协议中，对相关异常情况的应急处置作出了详细、全面的约定。

### 十四、投资者可以从哪里看到沪港通的行情？收费吗？

现在可以确定的是，两所各有一档行情（最优买卖盘）免费。其余五档或十档实时行情，按商业惯例提供。特别需要对内地投资者说明的是，一般而言，港股行情是收费的。关于港股商业行情的收费标准，据港交所介绍，目前，在香港市场，十档实时行情基本收费标准为每客户每月 200 港元，目前在内地的销售价格为每客户每月 80 元。

具体情况如下：

目前本所向联交所提供的是沪股（Level1）一档免费行情，刷新频率为 5 秒一幅，联交所向本所提供的是港股（Level1）一档免费行情，刷新频率为 3 秒一幅。

两所免费互换的一档行情，本地交易所通过对方交易所向对方市场的会员（市场参与者）提供，限于其自身及其交易客户使用；对于本地交易所发布的五档或十档等实时行情，对方市场的投资者按照商业惯例获取。

特别提醒内地投资者的是，在香港市场，当股票价格上涨时，股票报价屏幕上显示的颜色为绿色，下跌时则为红色。但是，不同的行情软件商提供的行情走势颜色可以重新设定，港股通投资者在使用行情软件的时候，应当仔细检查软件的参数设置，避免惯性思维带来的风险。

总之，内地投资者在参与港股通交易前应了解香港市场行情报价显示的具体含义，避免因误解而作出错误的投资决策，遭受投资风险。

更多沪港通知识，请关注上交所投资者教育网站（http://edu.sse.com.cn）沪港通投教专区。

## 十五、沪港股票市场有哪些差异?

沪港股票市场的差异很多，其中包括：

### （一）交易费率

两市交易费制度存在差异。除少数缴费项目的费率差别外，还有部分缴费项目的收费方式存在差别：

（1）佣金：沪市固定，港市协商。沪市 A 股交易佣金为固定费率，港股交易佣金可由经纪与客户协商确定。

（2）印花税：沪市单向，港市双向。两市印花税税率相同，为成交金额的 0.1%，但是沪股为单向收费，港股为双向收费。

（3）过户费：沪市固定比率，港市固定金额。沪股按照成交数量的固定比率收取，港股则按照固定金额收取。

（4）红利税：沪市"5、10、20"，港市"0或10"。沪股的红利税根据持股时间长短为5%、10%和20%，而香港市场中本地企业派发股息不收取红利税，内地企业派发红利时按10%征税。

## （二）涨跌幅

两市涨跌幅机制存在差异。沪市在大部分情况下（除新股上市首日外）都实施涨跌幅限制，风险警示股票和未完成股权分置改革的股票涨跌幅为5%，其他大部分股票和基金的涨跌幅为10%。港市不存在涨跌幅限制。

## （三）交易时间

对于交易日的规定，沪股和港股都规定法定节假日（公众假期）除外，但是内地和香港的节假日存在差异，导致沪股和港股的交易日存在差异。港交所网站列有假期表，上交所会在节假期前夕发布休市公告。

港股在圣诞前夕、新年前夕及农历新年前夕，将不会延续早市及午市交易。要是当天没有早市交易，当天也不会有延续早市交易。而沪股在节假日前早市和午市都有交易。

港股在遇有台风及黑色暴雨警告讯号时有特殊的交易安排。根据警告讯号发布和取消时间，港股相应设定了取消和恢复交易的时间。而沪股只规定"交易时间内因故停市，交易时间不作顺延"，没有因为天气原因而作出对于交易时间的特殊规定。

此外，上交所和港交所在开盘前集合竞价时段的交易安排也存在区别。具体比较如下所示：

沪港两所开市前集合竞价时段交易安排比较，沪股（9:15~9:30）港股（9:00~9:30）。

沪股规定：①9:15~9:20可以接受和撤销买卖盘申报；②9:20~9:25可以接受申报，但不可以撤销申报；③9:25~9:30为暂停时段，暂停任何申报。

港股规定：① 9:00~9:15为输入买卖盘时段只可输入竞价盘和竞价限价盘，买卖盘可以修改或取消，可输入开市前交易；②9:15~9:20为对盘前时段，只可输入竞价盘，买卖盘不得修改或取消，可输入开市前交易；③9:20~9:28为对盘时段不得输入、更改或取消买卖盘，不得输入开市前交易；④9:28~9:30为暂停时段，一切终端机系统活动暂停。

### （四）是否允许日内回转交易

两市日内回转交易机制存在差异。沪市除ETF基金、债券、权证外都不允许日内回转交易，即当天买入的证券，只能在第二天才能卖出。而港市允许日内回转交易，投资者可以对一只证券进行来回无数次买卖交易。

### （五）交易币种

A股和沪股通股票均以人民币报价和交易，港股以港币报价和交易，而港股通股票以港币报价、以人民币交易。由中国结算通过市场化原则建立相应机制在香港解决内地投资者以人民币直接买卖港交所上市股票的货币转换问题。应注意最终交收受货币汇率影响。

### （六）价格最小变动单位

沪港股票价格最小变动单位存在差异。沪股（A股）价格最小变动单位固定为 0.01 元，而港股价格最小变动单位取决于该股票的价格。例如一只股票的价格为 60.00 港元，那么其价格变动单位为 0.05 元，买卖盘申报也需要以 0.05 元为单位，如 60.05 元，而不能申报 60.13 元这样的价格。

### （七）交易单位

沪港股市的交易单位存在较大差异。沪股买卖申报数量单位为每手 100 股，而港股 1 手所包含的股票数量由发行公司自行决定，如每手 500 股、1000 股或 2000 股不等。内地投资者在对港股进行买卖申报时需要特别注意。

### （八）有效申报价格

沪股存在价格涨跌幅限制，超过价格涨跌幅限制的申报为无效申报。沪股还实行涨跌停板制度，如果盘中成交价格触及涨跌停板，那么当日该股票交易即停止。港股只存在价格申报限制，但不存在涨跌停板制度。

### （九）股票标识数字

两市股票标识数字存在差异。沪市是 6 位，如 600000 代表浦发银行，而港市是 5 位，如 00700 代表腾讯控股。

### （十）报价显示

港股报价显示的颜色为上涨绿色、下跌红色，与沪股上涨红色、下跌绿色的报价显示颜色正好相反。

但是，不同的行情软件商提供的行情走势颜色可以重新设定，港股通投资者在使用行情软件的时候，应当仔细检查软件的参数设置，避免惯性思维带来的风险。

### （十一）碎股买卖

两市碎股买卖存在差异。沪市交易规则规定，卖出股票、基金、权证时，余额不足 100 股（份）的部分，应当一次性申报卖出。因此，沪市在撮合系统中允许零股卖出。港市交易规则规定，碎股买卖盘须以指定的操作程序输入自动对盘系统，交易系统专页显示所有没完成的碎股买卖盘。

### （十二）委托/申报上限

沪港股市的委托/申报上限存在差异。沪市股票单笔申报最大数量不超过 100 万股（1 万手），港市股票每个买卖盘上限为 3000 手（股票数量上限取决于各个股票每手股票数量，系统上限为 999，999，999）。

### （十三）股份代号标识

两市股份代号标识存在差异。沪市按照上市公司的财务状况编制不同的证券代号，而且在证券代号中加入 ST 等标记以警示风险。港市没有这样的规定。

### （十四）收盘价的计算

沪港股市收盘价的计算方式存在差异，沪股是选取证券最后 1 笔较以前 1 分钟所有交易的成交量加权平均价（含最后 1 笔交易），而港股是选取最后 1 分钟的交易时间内，每隔 15 秒所记录的 5 个按盘价的中位数作为该股票的收市价。

### （十五）委托/申报的撤销、修改与有效期

沪港股市委托/申报的撤销和修改存在差异。沪市除 9：20~9：30 间交易主机不接受撤单申报，其他交易时间内都能撤销未能成交的申报。同时，已申报订单不得更改申报价格或申报数量，必须采用先撤单再申报的方式修改订单。

香港股市除 9：15~9：30 不得修改和撤销买卖盘申报、12：30~1：00 只可撤销不可修改买卖盘申报外，其他交易时间不仅能撤销未成交申报，还可以修改申报数量和价格。

虽然香港股市允许修改订单，但是港股通业务方案规定，基于额度控制原因，港股通投资者不得修改订单，必须采用先撤单再申报的方式修改订单，这是港股通交易机制的特殊安排，与香港股市基本交易机制不同。沪港两市的委托/申报均为当日有效。

### （十六）错误交易的处理

两市对错误交易的处理存在一定差异。上交所对于"因不可抗力、意外事件、交易系统被非法侵入等原因造成严重后果的交易"，保留采取适当措施或认定无效的权力，对显失公平的交易，也保留采取适当措施的权力。而港市交易中的意外错误输入，需要经买卖双方协商达成撤销交易的共识并通报交易所，交易所予以考虑审批。这意味着港市错误交易的处理主要取决于买卖双方协商。

### （十七）前端监控

沪股交易存在前端监控，由交易所对投资者账户进行检查，避免交收违约。港股交易没有前端监控，而是通过港交所旗下中央结算的一套风险管理措施，同样达到避免交收违约的风险管控效果。

### （十八）委托/申报类型

沪港股市委托/申报类型存在差异。

1. 沪股

只有限价订单、市价订单。前者是按照给定价格或优于给定价格买卖股票的订单。后者是按市场价格买卖股票的订单，又可分为最优五档即时成交剩余撤销订单和最优五档即时成交剩余转限价订单。

在集合竞价时段只允许申报限价订单，在连续竞价时段可以申报限价订单和市价订单。

2. 港股

港股在集合竞价时段可申报竞价盘和竞价限价盘。在连续竞价时段可申报限价盘、增强限价盘和特别限价盘。

竞价盘，指没有指定价格的买卖盘，在输入自动对盘系统后按照最终参考平衡价格进行对盘。竞价盘享有较竞价现价盘优先的对盘次序及根据时间先后顺序按最终参考平衡价格顺序对盘。在开市前时段结束后，任何未完成的竞价盘会于持续交易时段开始前自动取消。

竞价限价盘，指有指定价格的买卖盘。指定价格等同最终参考平衡价格或较最终参考平衡价格更具竞争力的竞价限价盘（指定价格等同或高于最终参考平衡价格的买盘，或指定价格等同或低于最终参考平衡价格的卖盘）或可按最终参考平衡价格进行对盘，视另一方是否有足够可配对的买卖盘。竞价限价盘会根据价格及时间先后次序按最终参考平衡价格顺序对盘。竞价限价盘不会以差于最终参考平衡价格的价格对盘。

在开市前时段结束后，任何未完成而输入价不偏离按盘价 9 倍或以上的竞价限价盘，将自动转至持续交易时段，并一概视为限价盘存于所输入价格的轮候队伍中。

### （十九）大宗交易（港交所称为系统外交易）

两市大宗交易机制存在差异。沪市有单独的大宗交易系统，买卖双方达成协议后需向大宗交易系统提出成交申报，申报时间为 9:00~17:00。而港市的系统外交易须由卖方在交易达成后的 15 分钟内输入自动对盘系统，买方则负责核实，输入系统的时间与当日买卖盘申报时间相同。

### （二十）买卖盘揭示

两市的买卖盘揭示都采取最优五档揭示方式，但是港市的实时行情内容更多，包含经纪标识且采取连续发布（只要有变动即更新）方式，而沪市没有经纪标识。

### （二十一）公开交易信息

根据上海证券交易所交易规则规定，在几种情况下，本所将披露买卖金额最大的五家会员营业部名称和金额。港交所没有公开交易信息的相关规定。

### （二十二）交易异常停牌

两市停牌机制存在差异。上交所对交易出现异常波动的股票等证券，可以决定停牌。对涉嫌违法违规交易的证券也可以实施特别停牌并予以公告。港市的股票交易停牌主要由股票发行公司申请，交易所负责批准执行。

### （二十三）撮合配对方式

沪港股市实行类似的撮合配对方式，即价格优先、时间优先，但两者也存在细微区别。港股在集合竞价时段的对盘次序以买卖盘类别为最优先（竞价盘比竞价限价盘享有优先的对盘次序）。

### （二十四）指定交易

上海证券交易所实行指定交易业务，凡在上海证券交易所市场进行证券交易的投资者，必须事先指定本所市场某一交易参与人，作为其证券交易的唯一受托人，并由该交易参与人通过其特定的参与者交易业务单元参与本所市场证券交易。投资者可以变更受托人，但是不能同时指定两个受托人。对于存在有未完成交收的证券账户，以及当日有交易的证券账户限制其撤销指定交易，由券商进行控制，在沪港通有关业务规定中会作出明确要求。

港交所无类似制度，港市投资者可以指定两个及以上的港市交易参与人作为其受托人。

### （二十五）第三方存管

A股交易实行第三方存管制度，港股交易没有类似制度。

# 第五章　A 股和港股的差异总整理

## 一、市场构成和结构

### （一）A 股

沪深两市共有 A 股上市公司超过 2500 家，上交所约 950 家，全部属于主板公司。深交所约 1566 家，其中主板 452 家，中小板 719 家，创业板 379 家。上市证券主要为普通股及债券，主要衍生品包括沪深 300 股指期货以及 5 年期国债期货。未来可能推出上证 50 股指期货、中证 500 股指期货、不同久期的国债期货、公司债信用衍生品、人民币期货、个股期权等。

### （二）港股

分为主板和创业板，目前共有股票超过 1600 只。主要分为五类：香港本土公司、外资公司、中资 H 股、中资红筹股、中资民营股。其中，香港本地及外资股 883 只、中资 H 股 196 只、中资红筹股 131 只、中资民营股 506 只。其中，香港本土公司是指注册地和总部在香港，且从香港本地发迹做起的香港公司，例如和记黄埔

（0013.HK）。外资公司是指非中资背景，注册地和总部均在外国的公司，例如友邦保险（1299.HK）。中资 H 股是指注册地为中国内地的政府企业，多为国企，例如中国工商银行（1398.HK）。中资红筹股是指注册地为中国大陆以外地区（多为如开曼群岛、维京群岛等免税地区）的中央或地方政府直接或间接控股的企业，例如中国联通（0762.HK）。中资民营股，亦称"P 股"，即注册地为中国以外的地区（多为如开曼群岛、维京群岛等免税地区），但主要在中国开展业务的民营企业，例如李宁（2331.HK）。香港的其他交易工具较为丰富，包括优先股、预托证券、REITs、窝轮（Warrant 认购权证或认售权证）、牛熊证、股指期货、股票期货、股票期权、货币期货、利率及定息产品等。

## 二、市场规模

按市值总额来看，中国已经成长为世界第三大证券市场，中国香港是第五大证券市场。市值总额排名依序为美国（24 万亿美元）、日本（4.5 万亿美元）、中国（3.9 万亿美元）、欧洲（3.6 万亿美元）、中国香港（3.1 万亿美元）。

## 三、投资者组成及偏好

### （一）A 股

从自由流通市值中持股比例及成交量上看，散户投资者均超过八成。近年小盘股表现赢过大盘股，A 股投资者不特别偏好高分红公司，换手率及交易量高于其他所有主要市场。A 股大盘股历史估值高于港股，但近年来大盘股的差异减小。不过，A 股中小盘股目前估值还是高于港股。A 股流动性影响因素包括银行体系内流动性情况、Shibor 利率、国债收益率、回购利率和人民银行公开市场操作等，一般来说，银行体系内流动性较佳，对 A 股为利好。A 股行情受国际影响较小，这是因为投资者结构以及资本管制等因素，近年来由于 A 股对外开放程度提升，海外资金流向逐渐加大对 A 股的影响。

### （二）港股

以机构投资者为主，海外投资者主要来自美国和欧洲，但内地投资者慢慢增加，目前占比已略超过 10%。过去港股价值股跑赢成长股，且过去港股小盘股的相对表现比 A 股差，港股投资者偏好高分红，成交额和换手率低于 A 股，小盘股流动性较差。港股行情受国际影响较大，影响因素包括全球资金流向（资金流向新兴市场为利好，资金流向有较强的持续性，流入和流出的趋势往往保持连续数周）、海外市场风险偏好（风险偏好加大为利好）、全球宏观和货币政策（宽松为利好）、美元及港币利率（利率低为利好）、港币汇率（港币汇率趋升为利好）等，但近年越来越受内地的影响，这是因为近年的中资股上市数量大增。

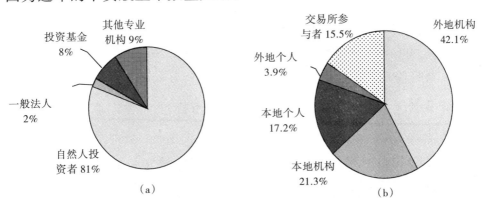

图 5-1　图（a）为中国证券市场投资者结构（按交易金额），图（b）为香港证券市场投资者结构（按交易金额）

资料来源：上海证券交易所、香港交易所。

## 四、市场制度

### （一）A股

新股发行方面，A股采用核准制，未来将采取注册制。

再融资方面，A股限制条件较多，这是基于保护投资者思路，避免股份被恶意稀释。

退市制度方面，A股市场采用量化标准。

公司回购自己股票方面，原则禁止例外允许，总体上回购较少。

分红方面，近来开始有强制规定，但上市公司一般不偏好主动分红。

业绩披露方面，每季度公布定期报告，满足一定条件要求披露业绩预告，财务年度统一为1月1日~12月31日。

股票面值方面，绝大多数均为人民币1元。

### （二）港股

新股发行方面，香港市场采用注册制。

再融资方面，较灵活方便，一般公布股票配售后，股票大多会下跌（因股份稀释）。

退市制度方面，香港采用非量化退市标准，香港联交所在退市审核中具决定性作用。

公司回购自己股票方面，原则允许例外禁止，在香港上市的中资股较常回购，香港投资者将回购视为利好。

分红方面，虽无强制规定，上市公司多主动选择分红以吸引投资者。

　　业绩披露方面，法定信息披露为每年两次，季报属于自愿披露，业绩预告及业绩快报为自愿披露；无统一财务年度。

　　股票面值方面，没有统一规定，可为 0.01/0.1/1/10 港元，差异很大，投资者不要误以为港股有高价股和低价股的区别，港股股价高低必须参考面值大小。

# 第六章　沪深港通的影响与机会

除股票外，沪深港通机制未来将扩展到不同资产类别，如衍生品、商品、债券和外汇。沪深港通连接了内地和香港股票市场，两者合并计算，就会是全球第二大股票市场，市值将仅次于美国。沪深港通市场将受到海外投资者的更多的关注，而增加了 A 股在 2015 年 6 月被纳入 MSCI 指数体系的可能性，未来中国金融市场在全球市场的影响力将越来越大。

沪通总额度为 3000 亿元，港股通总额度为 2500 亿元。目前 QDII 额度约 5000 亿元，QFII 额度约 3000 亿元，RQFII 额度约 2000 亿元。沪深港通机制不会取代目前的 QFII 和 RQFII 机制，也不会取代内地向海外投资的 QDII 机制，而是进一步扩增了全球投资者投资中国，以及中国投资者出海的投资渠道。

沪深港通将促进香港离岸人民币市场的流动性，香港金管局正在和中国人民银行加强合作，新设立向市场提供每日上限 100 亿元的拆借资金，以补充流动性需求。未来也会出现更多创新的人民币定息及衍生产品，例如将质押品扩展到人民币债券等，会扩大香港离岸人民币债券市场的规模和流动性。这将提供离岸人民币丰富的交流渠道，支持香港发展为离岸的人民币中心，从而促进人民币的国际化。

市场发展的影响可能会大大超出市场预期。目前香港离岸人民币市场规模超过 1 万亿元。但是由于香港人民币产品与投资市场的缺乏，其中超过八成以存款凭证或活期存款存在银行，而非在交易市场上。大量的人民币存款最后又通过跨境贷款与贸易融资回流内地，这代表人民币跨境循环是良好的，但离岸人民币市场缺乏活跃的发展。没有活跃的离岸人民币市场，就犹如死水一摊，这足以影响人民币国际化的进程，离岸人民币市场的活跃度是人民币能否成为国际储备货币的重要因素。离岸人民币市场的活跃度将随着沪深港通的推出而大大提升。

以 RQFII（RMB Qualified Foreign Institutional Investors，人民币合格境外投资者，准许境外投资者用离岸人民币投资境内）为例，目前 RQFII 的额度利用率不到 3 成，主要还是因为投资渠道不足、投资者不够多以及投资成本较高。在解决投资渠道不足方面，沪深港通增加了一个全新又方便的投资渠道，初期虽局限在部分的股票，但未来势必逐渐开放，出现各种如衍生品、商品、债券和外汇等的创新人民币产品。在解决投资者不够多方面，沪股通向所有香港投资者开放，包括全部个人投资者以及机构投资，不需要事先审批，等于在额度范围内，完全自由投资，而且沪深港通额度是以买卖差额来计算的，3000 亿元沪股通额度将会有相当大的潜在增量资金，沪深港通额度的先到先得特性，也让所有投资者都能平等参与，但要特别注意沪深港通初期的争抢额度情况。至于在沪深港通的降低投资成本方面，由于沪深港通的额度具有平等特性，通道费用一定会较便宜，而且沪深港通资金没有锁定期，也不需要寻找额外的托管银行来增加额外的托管费成本。

沪深港通能提高香港股市及内地的交易量，并将鼓励海外机构投资者积极投资 A 股市场，如果 A 股被纳入 MSCI 指数体系，将吸引大量资本进入 A 股。初期，沪深港通进入 A 股市场的投资者可能主要是 QFII 投资者、海外高净值个人和专户，然后才是大型的共同基金和主权基金。

　　海外机构投资者一般较喜欢大市值、高股息的蓝筹价值股，A 股市场中股息高，和 H 股比相对而言折价，一些在香港市场较稀缺的绩优大型股，会受到青睐，例如原材料（如化工、建材等）、高端制造（如工业机械、电子元器件、电力设备等）、军工、白酒、中药、医疗保健、农业等类别。相反地，香港市场也有 A 股市场中较稀缺的行业，例如电信公司、互联网、软件、外资金融、资产管理、博彩彩票、珠宝奢侈品、环保、新能源、运动与休闲服装、餐饮连锁等。相同的是，金融和能源类股在香港市场和 A 股市场的两个市场上都是市值最大的。不同的是，香港的通信和消费领域较多，有些大型公司只在香港上市，比如说中国移动和中国电信等中国电信龙头大型国企，又比如汇丰和友邦保险这样的大型外资金融企业。内地则是工业、原材料企业和医疗服务企业比重更大，比如中国的制造业中小型上市公司和医疗保健股股票多数只在中国内地上市。目前许多中小型 A 股相对港股有溢价，中小型 A 股在内地股市的市盈率远较港股高。未来，海外机构投资者将在内地 A 股大盘股的定价上更具影响力，而内地个人投资者可能更关注香港的中小盘股。

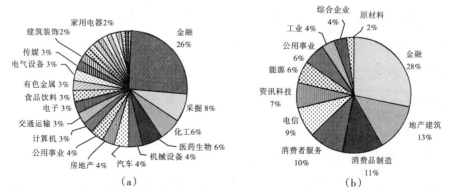

图 6-1　2014 年上半年各行业市值分布（图（a）为 A 股市场，图（b）为港股市场）
资料来源：上海证券交易所、香港交易所、WIND。

整体来看，在 A 股及港股的电信服务、可选消费品、必需消费品、医疗保健和信息科技等所谓新经济板块的市盈率普遍较高。A 股除了银行和公用事业估值比较低于港股和美股外，大部分行业估值都比港股和美股高。A 股的中小板综指和创业板指已持续了近两年的牛市，中小板和创业板的相对估值已相对很高，未来可能会有较大震荡。A 股蓝筹股则需要盈利和流动性的持续改善来刺激估值上升，至于混合所有制是否可以增加国企的市场灵活性并增强董事会的独立性，仍然有待观察。

未来沪深港通开通后，短期资金偏爱的可能仍是 A 股和港股中的中小盘新兴成长股，但是由于港股中的中小盘股估值相对较低，所以可能会更受投资者欢迎。

从近几年各行业市值的变化来看，A 股传统周期性行业蓝筹股（如银行、保险、地产、传统能源、原材料、白酒等行业）的市值占比明显下降，而 A 股新兴行业（如媒体、医疗保健设备与服务、科技软件与服务、半导体产品与设备、汽车整车、汽车零部件、耐用消费品等）的市值占比明显上升，这代表中国经济结构正在转型中。

A 股和港股中小盘股的估值差异原因之一是 A 股实施的 IPO 核准制所导致，IPO 核准制使得新股变成一种稀缺资源，而产生溢价现象。采用注册制和退市制度的香港新股供需较为平衡，就没有特殊溢价，香港公司的估值更多反映的是自身的成长性与市场的整体风险偏好。A 股中小盘股的制度性溢价部分未来可能会随着注册制的推出而消失。

港股通的套利指标可参考恒生指数公司的 AH 股溢价指数，这个指标可观测 A/H 两地上市股票两个市场折溢价情况（特别是大盘股的折溢价情况）。该指数包含交易最活跃的 AH 两地上市股票，以流通市值加权平均来衡量 A 股对香港 H 股整体的折溢价情况。当指数高于 100 时，表示 A 股相对 H 股溢价，反之则为折价，AH 股溢价指数越高，代表 A 股相对 H 股越贵。AH 股溢价指数大于 100 时，可考虑卖 A 股买 H 股进行套利。AH 股溢价指数小于 100 时，可考虑买 A 股卖 H 股来套利。目前 AH 股溢价指数在 100 附近波动，这代表目前 A 股和 H 股的大盘股整体平均价格相差不多。

就价差套利而言，因为 A 股融券难于港股，所以卖 A 股买 H 股的价差套利会比卖 H 股买 A 股的价差套利更困难。就时间套利而言，港股通下午交易时段比 A 股多出 1 小时（多出 15:00~16:00 的 1 小时），如果有突发市场情况，我们可先利用港股通在香港市场来处理 H 股，或搭配指数期货来运用套利，以减少风险。另外，投资人必须知道，沪深港通的交易日是安排在两地交易所的"共同交易日且能够满足结算安排"的日子，所以会有连续假日无法交易的风险。例如，假设投资者在国庆连续假日前通过港股通买进港股，则在国庆连续假日时无法通过港股通交易港股，但事实上香港股市可能还在开盘，如此，就产生了无法交易的风险。因此，港股通的港股可能在内地连续假日前卖压加大（因为想规避无法交易的风险），但节后又可能有回补买盘。同样的道理，沪股通的沪股可能在香港连续假日前卖压加大，节后又有回补买盘。就涨跌停板规定来看，H 股没有涨跌停板，A 股却有涨跌停板，这也会形成一些可能的 A 股、H 股的套利机会。

A 股和 H 股同股不同价的原因主要来自投资者结构、管制差异及流动性差异，几年前 A 股比 H 股贵很多，2008 年最高的时候 A 股平均股价是 H 股的 2 倍以上。但近几年同一公司的 A 股相对于 H 股的价差相比几年前已大幅缩小，甚至有时还出现 A 股比 H 股便宜的情况。

投资者结构方面，A股市场以个人投资者为主，港股以机构投资者为主，个人投资者交易比机构投资者频繁，因此A股市场交易流动性会好于港股，尤其是中小市值股票。散户较多也使A股市场更容易受到情绪影响，使得大盘股和中小盘股的估值差异更加极端化，容易推高中小盘股的估值。

管制差异方面，A股市场管制较多，香港股票供应则更加灵活（如IPO、增发、配股等），而A股股票的供应并不灵活，这导致在香港市场的中小市值股票较难获得高估值溢价。

流动性差异方面，A股以本地资金为主，香港以国际资金为主。A股市场主要受内地市场的投资情绪与流动性影响，而较不受海外影响。港股属于开放市场，海外投资者交易占比近半，受到国际金融环境影响较大（例如全球风险偏好、全球对新兴市场的投资意愿等）。在未来沪深港通开通后，由于套利更为方便，AH大盘股预计将倾向于同股同价。但在资本尚完全未自由开放以及政府主导宏观经济力量较强的背景下，A股本身易受政策影响的行情特色，估计短期内仍然持续。而A股以个人投资者为主导的投资者结构，短期也难以有大改变，原先的高风险偏好、高换手的特征，也会持续。

从对证券商行业的影响来看，沪深港通对于券商经纪会产生积极作用。港股允许T+0当日冲销，券商的经纪业务收入自然增加，从内地股指期货的例子来看，当日冲销可以带来很大的成交量，未来最积极从事港股的交易客户有可能是高频交易客户。同时，沪深港通将提升证券商的海外投资咨询服务价值，由于投资者不熟悉海外上市公司，相比内地A股市场，海外投资咨询服务的附加价值也更明显。由于投资内地股市的海外投资者大多是机构投资者，内地券商将逐渐改变原来主要服务个人投资者的模式，转而注重服务于

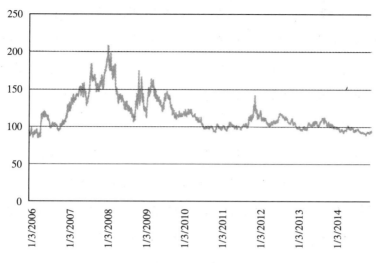

**图 6-2　恒生 AH 股溢价指数**

资料来源：上海证券交易所、香港交易所、WIND。

机构投资者。就目前对港股市场交易量的贡献来看，机构投资者约占港股的 3/4。而 A 股市场个人投资者更贡献 A 股交易量达 8 成。

　　沪深港通开通后，A 股和港股的估值差异将趋向接近，A 股市场的机构投资者比重也将逐渐增加。沪深港通还将促进国内外的券商、投行进行各种业务合作，海外资金增加了中国证券资产的配置需求，也更需要内地券商的协助。此外，在交易与结算机制等方面，中国市场也将逐渐和国际市场接轨。香港市场上市公司数目 1689 家，上市证券数量 9265 家，也有活跃的认股权证及个股选择权市场，包括 5059 只认股权证和 1846 只牛熊证，沪深港通后会刺激内地券商多多开发个股衍生产品。另外，内地投资者喜欢自己下单直接操盘，但香港投资者会下个类似全天均价的授权委托指令，主要通过券商交易人员下单，沪深港通后内地券商会逐渐加强对于授权委托指令的下单执行能力。大型券商，尤其是在香港拥有子公司的券商有望受益于经纪业务收入上升。

　　香港具有活跃的个股权证市场，个股权证的价格波动会直接影响到其相关个股（正股），例如发行认购证的做市商需要在市场上按照一定的比例买入正股，如果权证的流通量不足，做市商还需要维持流通量，有时权证可以运用小资金，以改变投资者的预期，从而影响正股的价格。同时，在个股权证到期日附近时，正股的行情波动往往特别激烈。

就对内地投资者的影响来看，内地投资者需要如沪深港通的海外投资机会来分散风险，中国居民目前房地产投资的比例为75%，明显过于集中，而日本即使在20世纪90年代的房地产泡沫时，房地产投资的比例也只有七成。而且，从金融资产配置看，中国货币资产（以存款为主）占金融资产比例超过七成，而股票仅为7%，未来沪深港通将协助扩展海外投资管道，提升金融资产运用效率。

从对跨境监管和法规的影响来看，沪深港通将推动监管层不断完善跨境监管的现有机制，提高市场效率，使得监管迈向国际化。资本市场开放可以刺激监管机制以及公司治理的持续完善，例如，监管机制的市场化、自由化及法治化，以及上市公司的增强信息披露和加强股息分红，这是因为资本市场开放将大量国外资金引入国内，资金需求者有更多的选择，引起了资金供给者的良性竞争，而对国内上市公司的资本运营模式产生了长远影响。

# 第七章　A股和港股各行业的比较（2014 年资料）

## 一、银行业

目前，A 股有 16 家上市银行，其中 9 家较大银行同时有 H 股在香港上市，其余 7 家为股份制银行或城商行。香港上市的中资银行有 13 家，除 9 家较大银行在 A 股上市外，其余 4 家为城商行或农商行。A 股投资者对成长性高的小银行给予较高估值，港股则偏好具代表性或市场化较佳的大银行。沪深港通可能有利于 A 股大银行以及港股中小银行的估值提升。但港股通资金可能对成长性较高的其他行业的香港中小盘股更感兴趣，所以沪深港通对银行股估值的影响较为有限。

## 二、保险业

目前有 4 家保险公司（中国平安、中国人寿、中国太保、新华保险）同时有 A 股和 H 股，除了新华保险外，平均来看 A 股保险公司相对 H 股保险公司明显便宜，A 股的大保险公司有提升估值空间。

A股保险公司主要偏重于寿险，缺乏财险公司，而且小保险公司的估值高于大保险公司。港股保险公司包括寿险、财险以及集团公司，同时有国外的保险公司上市（如友邦保险），港股公司类型更多元化，而且大保险公司的估值高于小保险公司。

## 三、证券业

目前有 2 家证券公司（中信证券、海通证券）同时有 A 股和 H 股，目前大券商的 A 股比 H 股折价。但 A 股小券商的估值明显高于大券商。A 股上市的券商数量很多，包括全国性、区域性券商以及互联网特性券商等。港股大券商的估值明显高于小券商，香港上市券商包括很多香港本地券商，内地券商较少。沪深港通和资本自由化，将对券商的业务拓展和收入提升有所帮助。

## 四、房地产业

许多内地较大的房地产开发商都已在香港上市，例如中国海外、华润置地、融创集团、恒大地产、世茂房地产和万科集团。由于美元与港元的流动性较佳，且利率较低，使得这些在香港上市的内地房地产开发商能够从香港市场取得较低成本及较长年期的资金，因而可更灵活地调整销售速度，股权融资方面也比 A 股更为灵活，因而较不受国内流动性紧张的影响。

A 股房地产开发商则较依赖短期银行借款及预售按揭，资金较为紧张，因此，对物业销售的周转去化率及定价压力较大。

## 五、机械行业

机械行业中，港股投资者更看重市盈率、每股收益及每股股利，而沪股投资者更偏好于股本较小的公司。因此，沪股通中每股收益、每股股利比较稳定且市盈率较低的公司对港股投资者而言较有吸引力。而港股通的机械行业中小盘股有望提升估值水平。

## 六、汽车行业

汽车行业中，A股有客车上市公司（例如宇通客车），且零部件公司比较多。港股有豪华车相关的上市公司，包括豪华车整车（例如华晨中国）和经销商（例如正通、宝信）。A股和港股两者整体估值相差不大，但存在结构性差异，沪股通的乘用车估值比港股通便宜；而在商用车、零配件、销售服务等子行业，沪股通汽车股估值比港股通贵，在种类构成上，港股汽车股中乘用车和商用车品种相对稀缺，沪股通汽车股中销售与服务品种相对稀缺。

## 七、医药行业

A股医药行业估值整体来说高于H股医药板块的估值。A股医药上市公司很多（龙头股、中小盘股、中医、西医齐全），所以A股的投资者相当关注此板块，研究也比较深入。沪深港通开放使得内地投资者有机会来关注H股医药板块，有利于提升H股医药上市公司的估值。同时，A股投资者喜爱成长性高的中小盘医药股，而港股投资者较不熟悉医药股。沪深港通使得海外资金也想增加对中国医药行业的了解，因而有可能提升港股医药行业的估值水平。

## 八、食品饮料行业

食品饮料行业中，A 股以酒类上市公司的市值最大，其中又以白酒公司居多。初期沪股通的股票范围中，A 股食品饮料上市公司共 18 家，其中 12 家酒类上市公司（含 7 家白酒公司）。港股通的食品饮料上市公司中，较著名的有康师傅、统一、蒙牛、旺旺和青岛啤酒等。青岛啤酒是唯一一家同时在内地和香港上市的酒类公司。

## 九、农业

农业行业中，A 股涵盖范围较广，包括农产品、种业、水产养殖、畜禽养殖、饲料、动保、加工等主要子行业。H 股农业公司主要集中在养殖、饲料和农产品加工 3 个子行业，而种业、水产养殖则无上市公司，动保也只有中国动物保健品一家。

## 十、纺织服装

A 股的纺织服装行业整体市值占比较小。在股息率方面，A 股纺织服装行业的平均股息率只有大约 2%，港股纺织服装行业的股息率超过 3%。A 股纺织服装行业估值略高于港股，子行业中，港股除了箱包和品牌代理外，各纺织服装子板块估值基本都在 20 倍以内。A 股中除纺织估值与港股相差不大外，具有较高估值溢价的板块依次是男装、鞋、女装和休闲，港股则以女鞋板块（例如百丽）和运动服饰（例如李宁、安踏）著名。

## 十一、科技、媒体和通信（Technology，Media，Telecom，TMT）行业

港股中的高成长中小盘个股，尤其是 A 股较为稀缺的行业个股，将更会受到 A 股投资者的关注，高成长个股多半出现在 TMT 行业以及博彩娱乐行业，尤其是这些个股在港股的估值明显低于 A 股中类似高成长中小盘个股的估值。A 股科技行业 2014 年估值平均在 25~30 倍市盈率，港股科技行业 2014 年估值平均在 15~20 倍市盈率。

电信行业中，国内电信三大运营商（中国电信、中国移动、中国联通）全部都在香港上市，其中只有中国联通同时也在 A 股上市。

互联网行业中，百度在美国上市，阿里巴巴在美国上市，腾讯在中国香港上市，A 股的互联网公司主要为网络传媒、软件类公司，A 股的互联网公司的市盈率估值很高。

媒体行业中，A 股有如华谊兄弟、光线传媒等影视传媒公司。香港则有传统报刊出版公司、广告传媒公司，也有如体育产业的新兴媒体行业。

当前 TMT 行业有四大重要趋势，互联化、移动化、智能化和大数据化。具体来说，当下 TMT 行业较为热门的子行业包括移动互联网、物联网、云计算、移动支付、第三方支付、手机游戏、在线教育、互联网彩票、金融 IC 卡、智慧城市、可穿戴设备、智能汽车等。

所谓可穿戴设备即直接穿在身上，或是整合到用户的衣服或配件的一种便携式设备。可穿戴设备不仅仅是一种硬件设备，更是通过软件支持以及数据交互、云端交互来实现强大的功能的设备，可穿戴设备将会对我们的生活、感知带来很大的转变。可穿戴设备包

括智能手表（如 Apple Watch）、智能手环、智能穿戴医疗设备、智能眼镜（如谷歌眼镜）、智能跑鞋等。目前还是以智能手表占比较高。可穿戴设备的相关港股有信利国际（0732.HK）、安捷利实业（1639HK）、瑞声科技（2018.HK）、舜宇光学科技（2382.HK）、SOLOMONSYSTECH（2878.HK）。

所谓手机游戏是指运行于手机上的游戏软件。估计 2014 年手机游戏市场将有超过 100%的成长。手机游戏的产业链主要分为开发商、发行商和平台商。其中开发商主要负责游戏的研发制造，发行商则负责游戏的代理发行及宣传推广，平台商则负责为用户提供一个游戏下载的平台。手游港股相关个股有云游控股（0484.HK）。

所谓第三方支付，就是一些和产品所在国家以及国外各大银行签约，并具备一定实力和信誉保障的第三方独立机构提供的交易支持平台。在通过第三方支付平台的交易中，买方选购商品后，使用第三方平台提供的账户进行货款支付，由第三方通知卖家货款到达、进行发货，买方检验物品后，就可以通知付款给卖家，第三方再将款项转至卖家账户。2014 年，预估中国第三方支付交易规模超过 20 万亿元，同比增长超过 30%。第三方支付相关港股有百富环球（0327.HK）、贸易通（0536.HK）、中国创新支付（8083.HK）、中国支付通（8325.HK）等。

所谓金融 IC 卡又称芯片银行卡，是以芯片作为介质的银行卡。芯片卡容量大，可以存储密钥、数字证书、指纹等信息，其工作原理类似微型计算机，能够同时处理多种功能，为持卡人提供一卡多用的便利。根据中国人民银行规划，2014 年 10 月底前全国 POS 机将关闭芯片银行卡降级交易，芯片卡支付将告别刷卡，迎来插卡时代。从 2015 年开始，经济发达地区新发行以人民币结算的银行卡应为芯片卡，磁条卡将逐步停发。金融 IC 卡的产业链包括芯片开发、

IC 制造和系统集成。金融 IC 卡相关港股有中国电子（0085.HK）、中芯国际（0981.HK）、上海复旦（1385.HK）、金邦达宝嘉（3315.HK）等。

表 7–1　港股通后港股可交易的 TMT 行业标的

| 代码 | 名　称 | 所属 Wind 一级行业 |
|---|---|---|
| 0008.HK | 电讯盈科 | 电信服务 |
| 0148.HK | KINGBOARD CHEM | 信息技术 |
| 0215.HK | 和记电讯香港 | 电信服务 |
| 0303.HK | VTECH HOLDINGS | 信息技术 |
| 0315.HK | 数码通电讯 | 电信服务 |
| 0522.HK | ASM | 信息技术 |
| 0552.HK | 中国通信服务 | 信息技术 |
| 0566.HK | 汉能太阳能 | 信息技术 |
| 0700.HK | 腾讯控股 | 信息技术 |
| 0728.HK | 中国电信 | 电信服务 |
| 0762.HK | 中国联通 | 电信服务 |
| 0763.HK | 中兴通讯 | 信息技术 |
| 0861.HK | 神州数码 | 信息技术 |
| 0941.HK | 中国移动 | 电信服务 |
| 0981.HK | 中芯国际 | 信息技术 |
| 0992.HK | 联想集团 | 信息技术 |
| 1165.HK | 顺风光电 | 信息技术 |
| 1888.HK | 建滔积层板 | 信息技术 |
| 2018.HK | 瑞声科技 | 信息技术 |
| 3888.HK | 金山软件 | 信息技术 |
| 3898.HK | 南车时代电气 | 信息技术 |

资料来源：香港交易所、WIND。

## 十二、博彩娱乐行业

博彩类股票是港股市场的独有板块，港股通中博彩板块包含 0027.HK 银河娱乐、0880.HK 澳博控股、1128.HK 永利澳门、1680.HK

澳门励骏、1928.HK 金沙中国、2282.HK 美高梅中国等公司。这些博彩类公司虽在香港上市，却都在澳门经营，因为澳门是允许博彩合法经营的地点。近几年，澳门博彩行业高速成长，已经超越拉斯维加斯，成为世界第一大赌城。

# 第八章　港股通个股基本资料列表

市盈率（TTM）又称最近 12 个月滚动市盈率，这里 TTM 是 "Trailing Twelve Months" 的缩写，含义就是最近 12 个月。

市净率（LF）是指最新财报市净率，市净率（LF）=总市值/最新财报净资产，LF 是 "Last Financial Statement" 的缩写。

表 8-1　港股通个股基本资料列表（2014/10/7）

| 代码 | 名称 | 总市值（亿元） | 市盈率（TTM） | 市净率（LF） | Wind 一级行业 | Wind 四级行业 |
|---|---|---|---|---|---|---|
| 0001.HK | 长江实业 | 3067 | 7.10 | 0.81 | 金融 | 多元化房地产 |
| 0002.HK | 中电控股 | 1607 | 17.83 | 1.77 | 公用事业 | 电力 |
| 0003.HK | 香港中华煤气 | 1790 | 25.71 | 3.52 | 公用事业 | 燃气 |
| 0004.HK | 九龙仓集团 | 1704 | 7.15 | 0.60 | 金融 | 多元化房地产 |
| 0005.HK | 汇丰控股 | 15169 | 12.97 | 1.03 | 金融 | 多元化银行 |
| 0006.HK | 电能实业 | 1490 | 2.37 | 1.21 | 公用事业 | 电力 |
| 0008.HK | 电讯盈科 | 373 | 17.86 | 3.90 | 电信服务 | 综合电信服务 |
| 0011.HK | 恒生银行 | 2438 | 14.62 | 2.23 | 金融 | 多元化银行 |
| 0012.HK | 恒基地产 | 1548 | 8.77 | 0.67 | 金融 | 多元化房地产 |
| 0013.HK | 和记黄埔 | 4193 | 8.89 | 1.00 | 工业 | 综合类行业 |
| 0014.HK | 希慎兴业 | 378 | 6.51 | 0.58 | 金融 | 房地产经营公司 |
| 0016.HK | 新鸿基地产 | 3075 | 9.17 | 0.74 | 金融 | 多元化房地产 |
| 0017.HK | 新世界发展 | 792 | 8.14 | 0.50 | 金融 | 多元化房地产 |
| 0019.HK | 太古股份公司 A | 905 | 6.87 | 0.41 | 金融 | 多元化房地产 |
| 0020.HK | 会德丰 | 779 | 5.65 | 0.44 | 金融 | 多元化房地产 |
| 0023.HK | 东亚银行 | 738 | 11.38 | 1.11 | 金融 | 多元化银行 |
| 0027.HK | 银河娱乐 | 2088 | 18.35 | 5.84 | 可选消费 | 赌场与赌博 |

| 代码 | 名称 | 总市值(亿元) | 市盈率(TTM) | 市净率(LF) | Wind一级行业 | Wind四级行业 |
|------|------|------|------|------|------|------|
| 0038.HK | 第一拖拉机股份 | 56 | 29.77 | 0.98 | 工业 | 农用农业机械 |
| 0041.HK | 鹰君 | 175 | 10.94 | 0.35 | 金融 | 多元化房地产 |
| 0054.HK | 合和实业 | 241 | 17.77 | 0.55 | 工业 | 综合类行业 |
| 0066.HK | 港铁公司 | 1804 | 12.20 | 1.15 | 工业 | 铁路运输 |
| 0069.HK | 香格里拉（亚洲） | 358 | 18.26 | 0.74 | 可选消费 | 酒店、度假村与豪华游轮 |
| 0081.HK | 中国海外宏洋集团 | 103 | 3.88 | 0.85 | 金融 | 房地产开发 |
| 0083.HK | 信和置业 | 742 | 8.32 | 0.66 | 金融 | 房地产开发 |
| 0101.HK | 恒隆地产 | 1011 | 13.31 | 0.82 | 金融 | 多元化房地产 |
| 0107.HK | 四川成渝高速公路 | 95 | 6.92 | 0.67 | 工业 | 公路与铁路 |
| 0116.HK | 周生生 | 128 | 11.35 | 1.59 | 可选消费 | 专卖店 |
| 0119.HK | 保利置业集团 | 114 | 6.03 | 0.38 | 金融 | 多元化房地产 |
| 0123.HK | 越秀地产 | 174 | 6.22 | 0.54 | 金融 | 多元化房地产 |
| 0135.HK | 昆仑能源 | 917 | 14.46 | 1.81 | 能源 | 石油天然气勘探与生产 |
| 0142.HK | 第一太平 | 356 | 16.46 | 1.26 | 日常消费 | 食品加工与肉类 |
| 0144.HK | 招商局国际 | 605 | 13.66 | 0.94 | 工业 | 海港与服务 |
| 0148.HK | KINGBOARD-CHEM | 162 | 4.70 | 0.46 | 信息技术 | 电子元件 |
| 0151.HK | 中国旺旺 | 1259 | 23.26 | 8.59 | 日常消费 | 食品加工与肉类 |
| 0152.HK | 深圳国际 | 188 | 9.50 | 1.29 | 工业 | 航空货运与物流 |
| 0165.HK | 中国光大控股 | 255 | 14.46 | 0.91 | 金融 | 其他多元金融服务 |
| 0168.HK | 青岛啤酒股份 | 758 | 30.33 | 4.06 | 日常消费 | 啤酒 |
| 0173.HK | 嘉华国际 | 124 | 12.76 | 0.47 | 金融 | 多元化房地产 |
| 0175.HK | 吉利汽车 | 286 | 9.55 | 1.34 | 可选消费 | 汽车制造 |
| 0177.HK | 江苏宁沪高速公路 | 420 | 12.75 | 1.76 | 工业 | 公路与铁路 |
| 0178.HK | 莎莎国际 | 148 | 15.82 | 6.36 | 可选消费 | 专卖店 |
| 0179.HK | 德昌电机控股 | 263 | 16.29 | 1.95 | 工业 | 电气部件与设备 |
| 0187.HK | 京城机电股份 | 21 | −24.67 | 1.81 | 工业 | 工业机械 |
| 0200.HK | 新濠国际发展 | 297 | 15.40 | 2.32 | 可选消费 | 酒店、度假村与豪华游轮 |
| 0215.HK | 和记电讯香港 | 151 | 22.69 | 1.38 | 电信服务 | 综合电信服务 |
| 0220.HK | 统一企业中国 | 332 | 37.78 | 2.41 | 日常消费 | 食品加工与肉类 |
| 0242.HK | 信德集团 | 118 | 6.44 | 0.51 | 工业 | 综合类行业 |
| 0257.HK | 中国光大国际 | 465 | 31.46 | 3.40 | 工业 | 环境与设施服务 |

续表

| 代码 | 名称 | 总市值<br>(亿元) | 市盈率<br>(TTM) | 市净率<br>(LF) | Wind<br>一级行业 | Wind<br>四级行业 |
|------|------|-----------------|-----------------|----------------|-----------------|-----------------|
| 0267.HK | 中信股份 | 3292 | 64.18 | 3.73 | 工业 | 综合类行业 |
| 0270.HK | 粤海投资 | 574 | 12.85 | 2.00 | 公用事业 | 水务 |
| 0272.HK | 瑞安房地产 | 148 | 6.28 | 0.30 | 金融 | 房地产开发 |
| 0283.HK | 高银地产 | 180 | 21.06 | 1.13 | 金融 | 多元化房地产 |
| 0291.HK | 华润创业 | 459 | 25.25 | 0.91 | 日常消费 | 食品零售 |
| 0293.HK | 国泰航空 | 566 | 19.25 | 0.93 | 工业 | 航空 |
| 0297.HK | 中化化肥 | 78 | −8.96 | 0.47 | 材料 | 化肥与农用化工 |
| 0300.HK | 昆明机床 | 22 | 140.15 | 1.37 | 工业 | 工业机械 |
| 0303.HK | VTECH HOLDINGS | 242 | 15.32 | 5.41 | 信息技术 | 通信设备 |
| 0308.HK | 香港中旅 | 130 | 7.97 | 0.86 | 可选消费 | 酒店、度假村与<br>豪华游轮 |
| 0315.HK | 数码通电讯 | 112 | 20.80 | 3.50 | 电信服务 | 无线电信业务 |
| 0316.HK | 东方海外国际 | 281 | 14.88 | 0.79 | 工业 | 海运 |
| 0317.HK | 广州广船国际股份 | 141 | −52.21 | 2.17 | 工业 | 建筑机械与重型<br>卡车 |
| 0322.HK | 康师傅控股 | 1143 | 33.22 | 5.19 | 日常消费 | 食品加工与肉类 |
| 0323.HK | 马鞍山钢铁股份 | 132 | −43.77 | 0.47 | 材料 | 钢铁 |
| 0330.HK | 思捷环球 | 212 | 100.83 | 1.25 | 可选消费 | 服装零售 |
| 0336.HK | 华宝国际 | 189 | 9.57 | 2.18 | 材料 | 特种化工 |
| 0338.HK | 上海石油化工股份 | 295 | 16.05 | 1.37 | 材料 | 基础化工 |
| 0358.HK | 江西铜业股份 | 454 | 10.12 | 0.82 | 材料 | 金属非金属 |
| 0363.HK | 上海实业控股 | 259 | 8.70 | 0.73 | 工业 | 综合类行业 |
| 0371.HK | 北控水务集团 | 459 | 35.72 | 3.11 | 公用事业 | 水务 |
| 0384.HK | 中国燃气 | 669 | 25.97 | 4.24 | 公用事业 | 燃气 |
| 0386.HK | 中国石油化工股份 | 7977 | 9.26 | 1.08 | 能源 | 综合性石油天<br>然气 |
| 0388.HK | 香港交易所 | 2043 | 44.50 | 9.21 | 金融 | 特殊金融服务 |
| 0390.HK | 中国中铁 | 873 | 6.97 | 0.78 | 工业 | 建筑与工程 |
| 0392.HK | 北京控股 | 839 | 17.01 | 1.51 | 工业 | 综合类行业 |
| 0410.HK | SOHO 中国 | 306 | 3.04 | 0.62 | 金融 | 房地产开发 |
| 0425.HK | 敏实集团 | 166 | 12.71 | 1.71 | 可选消费 | 机动车零配件与<br>设备 |
| 0440.HK | 大新金融 | 162 | 8.84 | 0.88 | 金融 | 多元化银行 |
| 0460.HK | 四环医药 | 643 | 33.65 | 5.91 | 医疗保健 | 西药 |
| 0489.HK | 东风集团股份 | 1103 | 6.49 | 1.24 | 可选消费 | 汽车制造 |
| 0493.HK | 国美电器 | 222 | 13.96 | 1.07 | 可选消费 | 电脑与电子产品<br>零售 |

沪深港通海外投资机会手册

续表

| 代码 | 名称 | 总市值（亿元） | 市盈率（TTM） | 市净率（LF） | Wind一级行业 | Wind四级行业 |
|------|------|------|------|------|------|------|
| 0494.HK | 利丰 | 750 | 13.07 | 2.02 | 可选消费 | 消费品经销商 |
| 0506.HK | 中国食品 | 87 | -12.11 | 1.47 | 日常消费 | 食品加工与肉类 |
| 0511.HK | 电视广播 | 202 | 12.11 | 2.48 | 可选消费 | 广播 |
| 0522.HK | ASM PACIFIC | 311 | 34.81 | 4.02 | 信息技术 | 半导体设备 |
| 0525.HK | 广深铁路股份 | 217 | 18.04 | 0.65 | 工业 | 铁路运输 |
| 0530.HK | 高银金融 | 345 | 46.99 | 4.06 | 金融 | 投资银行业与经纪业 |
| 0548.HK | 深圳高速公路股份 | 117 | 4.58 | 0.82 | 工业 | 公路与铁路 |
| 0551.HK | 裕元集团 | 392 | 14.81 | 1.19 | 可选消费 | 鞋类 |
| 0552.HK | 中国通信服务 | 256 | 9.08 | 0.92 | 信息技术 | 通信设备 |
| 0553.HK | 南京熊猫电子股份 | 83 | 35.56 | 2.08 | 信息技术 | 通信设备 |
| 0564.HK | 郑煤机 | 97 | 13.29 | 0.81 | 工业 | 工业机械 |
| 0566.HK | 汉能太阳能 | 628 | 26.67 | 3.69 | 信息技术 | 电子设备和仪器 |
| 0586.HK | 海螺创业 | 287 | 9.57 | 1.67 | 工业 | 工业机械 |
| 0588.HK | 北京北辰实业股份 | 73 | 8.69 | 0.37 | 金融 | 房地产开发 |
| 0590.HK | 六福集团 | 134 | 7.20 | 1.76 | 可选消费 | 专卖店 |
| 0604.HK | 深圳控股 | 148 | 7.64 | 0.59 | 金融 | 多元化房地产 |
| 0606.HK | 中国粮油控股 | 160 | 30.44 | 0.56 | 日常消费 | 农产品 |
| 0636.HK | 嘉里物流 | 203 | 12.98 | 1.46 | 工业 | 航空货运与物流 |
| 0639.HK | 首钢资源 | 95 | 27.97 | 0.51 | 材料 | 金属非金属 |
| 0656.HK | 复星国际 | 663 | 9.30 | 1.20 | 材料 | 钢铁 |
| 0659.HK | 新创建集团 | 546 | 12.63 | 1.29 | 工业 | 综合类行业 |
| 0669.HK | 创科实业 | 406 | 19.45 | 2.88 | 可选消费 | 家用电器 |
| 0670.HK | 中国东方航空股份 | 331 | 14.90 | 0.98 | 工业 | 航空 |
| 0683.HK | 嘉里建设 | 376 | 3.69 | 0.49 | 金融 | 多元化房地产 |
| 0688.HK | 中国海外发展 | 1712 | 6.84 | 1.43 | 金融 | 房地产开发 |
| 0691.HK | 山水水泥 | 79 | 7.50 | 0.69 | 材料 | 建材 |
| 0700.HK | 腾讯控股 | 11358 | 44.92 | 12.88 | 信息技术 | 互联网软件与服务 |
| 0728.HK | 中国电信 | 3844 | 16.27 | 1.08 | 电信服务 | 综合电信服务 |
| 0732.HK | 信利国际 | 124 | 8.80 | 1.84 | 可选消费 | 消费电子产品 |
| 0737.HK | 合和公路基建 | 117 | 16.86 | 1.29 | 工业 | 公路与铁路 |
| 0751.HK | 创维数码 | 117 | 9.37 | 1.09 | 可选消费 | 消费电子产品 |
| 0753.HK | 中国国航 | 657 | 19.83 | 0.98 | 工业 | 航空 |
| 0754.HK | 合生创展集团 | 155 | 6.04 | 0.29 | 金融 | 房地产开发 |
| 0762.HK | 中国联通 | 2779 | 18.72 | 0.99 | 电信服务 | 综合电信服务 |

140

| 代码 | 名称 | 总市值（亿元） | 市盈率（TTM） | 市净率（LF） | Wind一级行业 | Wind四级行业 |
|---|---|---|---|---|---|---|
| 0813.HK | 世茂房地产 | 579 | 5.68 | 1.05 | 金融 | 房地产开发 |
| 0817.HK | 方兴地产 | 177 | 3.13 | 0.50 | 金融 | 多元化房地产 |
| 0829.HK | 神冠控股 | 88 | 9.38 | 2.67 | 日常消费 | 食品加工与肉类 |
| 0836.HK | 华润电力 | 1057 | 9.00 | 1.57 | 公用事业 | 独立电力生产商与能源贸易商 |
| 0846.HK | 明发集团 | 119 | 7.60 | 0.89 | 金融 | 房地产开发 |
| 0857.HK | 中国石油股份 | 18302 | 10.99 | 1.24 | 能源 | 综合性石油天然气 |
| 0861.HK | 神州数码 | 77 | 6.78 | | 信息技术 | 技术产品经销商 |
| 0867.HK | 康哲药业 | 308 | 33.74 | 6.79 | 医疗保健 | 西药 |
| 0868.HK | 信义玻璃 | 192 | 5.86 | 1.55 | 可选消费 | 机动车零配件与设备 |
| 0874.HK | 白云山 | 358 | 26.62 | 3.94 | 医疗保健 | 保健护理产品经销商 |
| 0880.HK | 澳博控股 | 878 | 11.28 | 3.72 | 可选消费 | 赌场与赌博 |
| 0881.HK | 中升控股 | 184 | 13.25 | 1.33 | 可选消费 | 汽车零售 |
| 0883.HK | 中国海洋石油 | 5920 | 8.44 | 1.28 | 能源 | 石油天然气勘探与生产 |
| 0902.HK | 华能国际电力股份 | 1235 | 8.45 | 1.52 | 公用事业 | 电力 |
| 0914.HK | 安徽海螺水泥股份 | 1338 | 8.75 | 1.78 | 材料 | 建材 |
| 0916.HK | 龙源电力 | 620 | 25.22 | 1.54 | 公用事业 | 新能源发电业者 |
| 0917.HK | 新世界中国 | 384 | 8.28 | 0.66 | 金融 | 房地产开发 |
| 0934.HK | 中石化冠德 | 156 | 24.44 | 1.54 | 能源 | 石油与天然气的炼制和销售 |
| 0939.HK | 中国建设银行 | 13801 | 4.86 | 0.96 | 金融 | 多元化银行 |
| 0941.HK | 中国移动 | 18892 | 12.89 | 1.82 | 电信服务 | 无线电信业务 |
| 0960.HK | 龙湖地产 | 497 | 4.82 | 0.99 | 金融 | 房地产开发 |
| 0966.HK | 中国太平 | 430 | 15.52 | 1.82 | 金融 | 人寿与健康保险 |
| 0981.HK | 中芯国际 | 286 | 27.49 | 1.33 | 信息技术 | 半导体产品 |
| 0991.HK | 大唐发电 | 532 | 11.94 | 0.95 | 公用事业 | 电力 |
| 0992.HK | 联想集团 | 1241 | 18.69 | 4.94 | 信息技术 | 电脑硬件 |
| 0995.HK | 安徽皖通高速公路 | 79 | 7.64 | 0.86 | 工业 | 公路与铁路 |
| 0998.HK | 中信银行 | 2260 | 4.39 | 0.75 | 金融 | 多元化银行 |
| 1033.HK | 仪征化纤股份 | 238 | −6.96 | 3.55 | 材料 | 化纤 |
| 1038.HK | 长江基建集团 | 1359 | 4.44 | 1.46 | 公用事业 | 电力 |
| 1044.HK | 恒安国际 | 946 | 26.00 | 5.71 | 日常消费 | 个人用品 |
| 1053.HK | 重庆钢铁股份 | 82 | −2.78 | 0.72 | 材料 | 钢铁 |

| 代码 | 名称 | 总市值（亿元） | 市盈率（TTM） | 市净率（LF） | Wind一级行业 | Wind四级行业 |
|------|------|------|------|------|------|------|
| 1055.HK | 中国南方航空股份 | 267 | 36.23 | 0.64 | 工业 | 航空 |
| 1065.HK | 天津创业环保股份 | 85 | 21.91 | 1.69 | 公用事业 | 水务 |
| 1066.HK | 威高股份 | 337 | 61.93 | 2.85 | 医疗保健 | 医疗保健用品 |
| 1068.HK | 雨润食品 | 64 | 151.92 | 0.40 | 日常消费 | 食品加工与肉类 |
| 1071.HK | 华电国际电力股份 | 502 | 7.81 | 1.66 | 公用事业 | 电力 |
| 1072.HK | 东方电气 | 295 | 11.71 | 1.29 | 工业 | 重型电气设备 |
| 1083.HK | 港华燃气 | 218 | 20.93 | 1.73 | 公用事业 | 燃气 |
| 1088.HK | 中国神华 | 4316 | 8.05 | 1.22 | 能源 | 煤炭与消费用燃料 |
| 1093.HK | 石药集团 | 393 | 37.18 | 5.30 | 医疗保健 | 西药 |
| 1099.HK | 国药控股 | 718 | 22.22 | 2.60 | 医疗保健 | 保健护理产品经销商 |
| 1101.HK | 中国熔盛重工 | 119 | −0.90 | 3.63 | 工业 | 建筑机械与重型卡车 |
| 1108.HK | 洛阳玻璃股份 | 19 | −77.74 | 22.97 | 工业 | 建筑产品 |
| 1109.HK | 华润置地 | 977 | 6.39 | 1.13 | 金融 | 房地产开发 |
| 1111.HK | 创兴银行 | 73 | 2.79 | 0.92 | 金融 | 多元化银行 |
| 1112.HK | 合生元 | 149 | 14.19 | 4.67 | 日常消费 | 食品加工与肉类 |
| 1114.HK | BRILLIANCE CHI | 704 | 11.23 | 3.35 | 可选消费 | 汽车制造 |
| 1117.HK | 现代牧业 | 165 | 19.31 | 2.08 | 日常消费 | 农产品 |
| 1128.HK | 永利澳门 | 1335 | 17.44 | 17.10 | 可选消费 | 赌场与赌博 |
| 1138.HK | 中海发展股份 | 165 | −10.30 | 0.62 | 工业 | 海运 |
| 1165.HK | 顺风光电 | 179 | −22.17 | 3.01 | 信息技术 | 电子元件 |
| 1169.HK | 海尔电器 | 545 | 19.72 | 4.35 | 可选消费 | 家用电器 |
| 1171.HK | 兖州煤业股份 | 318 | 7.34 | 0.59 | 能源 | 煤炭与消费用燃料 |
| 1177.HK | 中国生物制药 | 386 | 32.56 | 6.67 | 医疗保健 | 生物科技 |
| 1186.HK | 中国铁建 | 876 | 6.58 | 0.83 | 工业 | 建筑与工程 |
| 1193.HK | 华润燃气 | 505 | 21.53 | 3.39 | 公用事业 | 燃气 |
| 1199.HK | 中远太平洋 | 310 | 13.84 | 0.87 | 工业 | 海港与服务 |
| 1205.HK | 中信资源 | 97 | −6.91 | 0.87 | 工业 | 贸易公司与工业品经销商 |
| 1208.HK | 五矿资源 | 149 | 16.36 | 1.18 | 材料 | 金属非金属 |
| 1212.HK | 利福国际 | 238 | 10.04 | 2.29 | 可选消费 | 百货商店 |
| 1230.HK | 雅士利国际 | 78 | 17.50 | 1.93 | 日常消费 | 食品加工与肉类 |
| 1288.HK | 中国农业银行 | 11335 | 5.05 | 0.99 | 金融 | 多元化银行 |
| 1293.HK | 宝信汽车 | 154 | 11.72 | 2.49 | 可选消费 | 汽车零售 |

续表

| 代码 | 名称 | 总市值（亿元） | 市盈率（TTM） | 市净率（LF） | Wind 一级行业 | Wind 四级行业 |
|---|---|---|---|---|---|---|
| 1299.HK | 友邦保险 | 4938 | 26.18 | 2.27 | 金融 | 人寿与健康保险 |
| 1313.HK | 华润水泥控股 | 359 | 8.44 | 1.86 | 材料 | 建材 |
| 1333.HK | 中国忠旺 | 217 | 7.40 | 0.73 | 材料 | 铝 |
| 1336.HK | 新华保险 | 856 | 11.36 | 1.57 | 金融 | 人寿与健康保险 |
| 1339.HK | 中国人民保险集团 | 1375 | 15.17 | 1.36 | 金融 | 财产与意外伤害保险 |
| 1359.HK | 中国信达 | 1338 | 10.35 | 1.27 | 金融 | 资产管理与托管银行 |
| 1378.HK | 中国宏桥 | 365 | 6.02 | 1.06 | 材料 | 铝 |
| 1382.HK | 互太纺织 | 144 | 12.87 | 3.65 | 可选消费 | 纺织品 |
| 1387.HK | 人和商业 | 70 | -2.35 | 0.29 | 金融 | 房地产经营公司 |
| 1398.HK | 中国工商银行 | 17329 | 5.05 | 1.02 | 金融 | 多元化银行 |
| 1618.HK | 中国中冶 | 432 | 10.36 | 0.76 | 工业 | 建筑与工程 |
| 1619.HK | 天合化工 | 590 | 15.18 | 4.27 | 材料 | 特种化工 |
| 1638.HK | 佳兆业集团 | 163 | 4.10 | 0.71 | 金融 | 房地产开发 |
| 1668.HK | 华南城 | 299 | 8.57 | 1.50 | 金融 | 多元化房地产 |
| 1680.HK | 澳门励骏 | 255 | 54.27 | 3.54 | 可选消费 | 赌场与赌博 |
| 1728.HK | 正通汽车 | 101 | 9.16 | 1.01 | 可选消费 | 汽车零售 |
| 1766.HK | 中国南车 | 962 | 16.11 | 2.05 | 工业 | 建筑机械与重型卡车 |
| 1800.HK | 中国交通建设 | 904 | 5.58 | 0.74 | 工业 | 建筑与工程 |
| 1813.HK | 合景泰富 | 158 | 4.58 | 0.69 | 金融 | 房地产开发 |
| 1828.HK | 大昌行集团 | 85 | 9.12 | 0.93 | 可选消费 | 消费品经销商 |
| 1833.HK | 银泰商业 | 143 | 13.49 | 1.37 | 可选消费 | 百货商店 |
| 1880.HK | 百丽国际 | 732 | 12.71 | | 可选消费 | 服装零售 |
| 1882.HK | 海天国际 | 292 | 19.11 | 3.54 | 工业 | 工业机械 |
| 1888.HK | 建滔积层板 | 99 | 8.08 | 0.76 | 信息技术 | 电子元件 |
| 1898.HK | 中煤能源 | 610 | 35.49 | 0.55 | 能源 | 煤炭与消费用燃料 |
| 1918.HK | 融创中国 | 213 | 5.22 | 1.17 | 金融 | 房地产开发 |
| 1919.HK | 中国远洋 | 339 | -25.61 | 1.22 | 工业 | 海运 |
| 1928.HK | 金沙中国有限公司 | 3501 | 17.08 | 8.61 | 可选消费 | 赌场与赌博 |
| 1929.HK | 周大福 | 1012 | 13.92 | 2.72 | 可选消费 | 专卖店 |
| 1972.HK | 太古地产 | 1468 | 12.20 | 0.71 | 金融 | 房地产经营公司 |
| 1988.HK | 民生银行 | 2485 | 4.39 | 0.89 | 金融 | 多元化银行 |
| 1999.HK | 敏华控股 | 110 | 11.27 | 2.47 | 可选消费 | 家庭装饰品 |
| 2007.HK | 碧桂园 | 621 | 5.12 | 1.00 | 金融 | 房地产开发 |

| 代码 | 名称 | 总市值<br>(亿元) | 市盈率<br>(TTM) | 市净率<br>(LF) | Wind<br>一级行业 | Wind<br>四级行业 |
|---|---|---|---|---|---|---|
| 2008.HK | 凤凰卫视 | 130 | 17.43 | 2.66 | 可选消费 | 广播 |
| 2009.HK | 金隅股份 | 265 | 6.37 | 0.70 | 材料 | 建材 |
| 2018.HK | 瑞声科技 | 548 | 17.52 | 5.39 | 信息技术 | 通信设备 |
| 2020.HK | 安踏体育 | 417 | 22.18 | 4.48 | 可选消费 | 服装、服饰与奢<br>侈品 |
| 2038.HK | 富智康集团 | 318 | 37.32 | 1.09 | 信息技术 | 电子制造服务 |
| 2128.HK | 中国联塑 | 123 | 7.01 | 1.28 | 材料 | 基础化工 |
| 2168.HK | 盈德气体 | 126 | 11.35 | 1.62 | 材料 | 工业气体 |
| 2196.HK | 复星医药 | 588 | 23.63 | 3.04 | 医疗保健 | 西药 |
| 2238.HK | 广汽集团 | 488 | 12.26 | 1.13 | 可选消费 | 汽车制造 |
| 2282.HK | 美高梅中国 | 866 | 14.70 | 18.45 | 可选消费 | 赌场与赌博 |
| 2313.HK | 申洲国际 | 353 | 15.35 | 2.63 | 可选消费 | 纺织品 |
| 2314.HK | 理文造纸 | 198 | 10.47 | | 材料 | 纸制品 |
| 2318.HK | 中国平安 | 4675 | 11.74 | 1.80 | 金融 | 多元化保险 |
| 2319.HK | 蒙牛乳业 | 639 | 26.30 | 2.50 | 日常消费 | 食品加工与肉类 |
| 2328.HK | 中国财险 | 1962 | 14.53 | 2.44 | 金融 | 财产与意外伤害<br>保险 |
| 2333.HK | 长城汽车 | 919 | 9.01 | 2.48 | 可选消费 | 汽车制造 |
| 2356.HK | 大新银行集团 | 198 | 9.94 | 1.03 | 金融 | 多元化银行 |
| 2380.HK | 中国电力 | 245 | 7.77 | 1.01 | 公用事业 | 独立电力生产商<br>与能源贸易商 |
| 2386.HK | 中石化炼化工程 | 377 | 9.02 | 1.37 | 工业 | 建筑与工程 |
| 2388.HK | 中银香港 | 2611 | 11.31 | 1.55 | 金融 | 多元化银行 |
| 2600.HK | 中国铝业 | 448 | −13.93 | 0.88 | 材料 | 铝 |
| 2601.HK | 中国太保 | 2506 | 18.68 | 1.87 | 金融 | 多元化保险 |
| 2607.HK | 上海医药 | 513 | 17.17 | 1.53 | 医疗保健 | 保健护理产品经<br>销商 |
| 2628.HK | 中国人寿 | 6162 | 18.13 | 2.03 | 金融 | 人寿与健康保险 |
| 2688.HK | 新奥能源 | 574 | 26.35 | 4.40 | 公用事业 | 燃气 |
| 2689.HK | 玖龙纸业 | 279 | 12.60 | 0.92 | 材料 | 纸制品 |
| 2727.HK | 上海电气 | 546 | 19.02 | 1.33 | 工业 | 重型电气设备 |
| 2777.HK | 富力地产 | 267 | 2.92 | 0.67 | 金融 | 房地产开发 |
| 2866.HK | 中海集运 | 251 | −21.66 | 0.82 | 工业 | 海运 |
| 2877.HK | 神威药业 | 114 | 12.92 | 1.94 | 医疗保健 | 中药 |
| 2880.HK | 大连港 | 117 | 16.06 | 0.69 | 工业 | 海港与服务 |
| 2883.HK | 中海油田服务 | 1004 | 10.02 | 1.80 | 能源 | 石油天然气设备<br>与服务 |

续表

| 代码 | 名称 | 总市值（亿元） | 市盈率（TTM） | 市净率（LF） | Wind一级行业 | Wind四级行业 |
|------|------|--------------|--------------|------------|------------|------------|
| 2899.HK | 紫金矿业 | 418 | 15.52 | 1.23 | 材料 | 黄金 |
| 3308.HK | 金鹰商贸集团 | 165 | 12.00 | 2.60 | 可选消费 | 百货商店 |
| 3311.HK | 中国建筑国际 | 463 | 15.11 | 2.72 | 工业 | 建筑与工程 |
| 3323.HK | 中国建材 | 387 | 4.94 | 0.85 | 材料 | 建材 |
| 3328.HK | 交通银行 | 4107 | 5.07 | 0.74 | 金融 | 多元化银行 |
| 3333.HK | 恒大地产 | 449 | 2.65 | 0.77 | 金融 | 房地产开发 |
| 3360.HK | 远东宏信 | 232 | 9.01 | 1.25 | 金融 | 消费信贷 |
| 3368.HK | 百盛集团 | 64 | 18.00 | 0.88 | 可选消费 | 百货商店 |
| 3377.HK | 远洋地产 | 316 | 5.45 | 0.60 | 金融 | 房地产开发 |
| 3380.HK | 龙光地产 | 120 | 3.31 | 1.16 | 金融 | 房地产开发 |
| 3383.HK | 雅居乐地产 | 199 | 3.34 | 0.52 | 金融 | 房地产开发 |
| 3389.HK | 亨得利 | 60 | 11.68 | 0.83 | 可选消费 | 专卖店 |
| 3618.HK | 重庆农村商业银行 | 339 | 4.22 | 0.70 | 金融 | 区域性银行 |
| 3800.HK | 保利协鑫能源 | 448 | 38.81 | 2.65 | 公用事业 | 独立电力生产商与能源贸易商 |
| 3808.HK | 中国重汽 | 117 | 23.14 | 0.48 | 工业 | 建筑机械与重型卡车 |
| 3888.HK | 金山软件 | 229 | 26.20 | 3.98 | 信息技术 | 家庭娱乐软件 |
| 3898.HK | 南车时代电气 | 350 | 14.45 | 2.94 | 信息技术 | 电子设备和仪器 |
| 3899.HK | 中集安瑞科 | 149 | 11.70 | 2.23 | 工业 | 工业机械 |
| 3900.HK | 绿城中国 | 167 | 3.75 | 0.59 | 金融 | 房地产开发 |
| 3968.HK | 招商银行 | 3450 | 4.90 | 0.96 | 金融 | 多元化银行 |
| 3988.HK | 中国银行 | 9810 | 4.69 | 0.81 | 金融 | 多元化银行 |
| 3993.HK | 洛阳钼业 | 252 | 12.70 | 1.58 | 材料 | 金属非金属 |
| 3998.HK | 波司登 | 91 | 10.42 | 1.01 | 可选消费 | 服装、服饰与奢侈品 |
| 6030.HK | 中信证券 | 2073 | 22.83 | 1.83 | 金融 | 投资银行业与经纪业 |
| 6199.HK | 中国北车 | 846 | 13.74 | 1.47 | 工业 | 建筑机械与重型卡车 |
| 6808.HK | 高鑫零售 | 848 | 23.14 | 3.67 | 日常消费 | 大卖场与超市 |
| 6818.HK | 中国光大银行 | 1680 | 4.83 | 0.81 | 金融 | 多元化银行 |
| 6837.HK | 海通证券 | 1185 | 22.17 | 1.48 | 金融 | 投资银行业与经纪业 |
| 6863.HK | 辉山乳业 | 245 | 15.55 | 1.47 | 日常消费 | 食品加工与肉类 |

资料来源：香港交易所、WIND。

# 第九章 投资三原则（风险预算原则、狠逮时机原则、均衡灵活原则）

有些人会认为投资和复杂的基本面分析以及数学理论有关，但事实上这些都不是投资成功的关键因素，笔者将和大家好好聊聊投资这件事。

如果我们随意找一个投资人来问，投资的目的是什么，他多半会回答投资的目的就是赚钱呗。如果我们再进一步追问，要如何才能赚钱？他可能会说，买对股票呗。

但是事实上，投资要能成功，绝不仅仅是买对股票这一件事而已，还牵涉到许多问题，例如，买了多少？买得太多吗？买得太少吗？买进的时机对不对？卖出的时机对不对？是否分批买进？是否分批卖出？正确的时候赚多少？错误的时候赔多少？选中的股票盘整下跌，而别的股票却在上涨时，应怎么办？分散投资好还是集中投资好？长期投资好还是短期投资好？基本面重要还是技术面重要？

您如果把上面问题去问 100 个投资人，答案可能会有 100 种，就算你把这些问题去问几位成功的投资者，他们的答案也很可能各不相同，甚至相反。那么，到底正确的答案是什么呢？

答案很可能是："根本没有唯一正确的答案。"西方有句古谚语，"条条大路通罗马"。各种投资模式都有其优点，也有其缺点，正如同武侠小说中各门派武功都各自有其特色，重点是要扬其所长，避其所短。

或许投资在形式方法上各有巧妙不同，但在本质上是遵守下面投资三原则的。

# 第一节  投资第一原则：风险预算原则

常有投资人会抱怨，看对了大势却赔了钱，这又是为什么呢？其实原因很简单，就是因为没遵守风险预算原则。

风险预算原则就是在投资前先预估好这笔投资的可能最大风险损失预算，然后根据这个预算来决定买进的量，以及后续的应对策略。

《孙子兵法》中说："夫未战而庙算胜者，得算多也；未战而庙算不胜者，得算少也。多算胜，少算不胜，而况于无算乎！吾以此观之，胜负见矣。"意思是说，在未开战之前，经过周密的预算分析，如果结论是有利条件多，就有较大的胜利把握；如果结论是有利条件少，胜利把握就小。较详细的预算分析可以提高胜率，较粗糙的预算分析可能导致大败，更何况如果完全不做预算分析，那必定是更加凶险。根据预算的准备情况来观察战争结果，胜败也就清楚了。

很多投资人会一时冲动买进大量股票，不事先预估好风险预算，而造成投资组合净值在短期内大跌，这是相当危险的行为。要知道，在投资组合净值大跌后，想回复原先净值的难度会更高。这里有一个简单的数学例子，当净值大跌 50% 后，如果想回复原先净值，必须翻倍上涨（50%×2＝100%）。一般而言，最好控制投资组合净值下跌在 30%之内。还有许多投资人在不考虑风险预算的情况下，不断加码摊平成本，这也是相当危险的行为。行情永远是不确定的，大家可以思考一下，将自己的身家性命吊死在一次行情或一档股票上是不是明智的行为。"留得青山在，不怕没柴烧"，千万不要有孤注一掷的赌博心态。一般而言，若投资组合分散到 3~10 档的核心投资以上，就可较有效地降低个股波动风险。

任何投资都有风险，尤其是股票投资。股价波动 3~5 成，都是相当常见的，甚至在基本面大势完全不变的情况下，只因为获利了结的卖压，股价就可能轻易地下跌 3 成以上。这时若投资人的风险预算没做好，就有可能在股价调整回档时，因为无法承受而卖出，造成了看对了大势却赔了钱的情况。

投资人在运用风险预算原则时，必须注意下列事项：一是不要低估市场波动，个股股价合理的波动度大约 3~5 成，投资人必须能承担至少这么大的波动幅度，如果发现自己受不了这种波动幅度，就必须减少初始部位，避免受不了而砍在低点；二是风险预算大小因人而异，不要因为看到别人重押大赚眼红而买进过多，每个人的神经粗细不同，不是所有人都能承受大波动。任何部位大小，都必须以让自己感到轻松舒适为原则。

在具体实践风险预算原则时，可以运用部位大小调整来控制风险。具体方法有以下几种。

## 一、分批进出法

分批进出股票，而不是一次全进全出，这是为了避免在某一特殊进出时点的集中风险。例如，行情在大跌时，往往深不可测，投资人在逢低买进时，可以妥善分配分批买进量，下跌时先试探买进

1/3，觉得跌不动时再买 1/3，等到较明确时，再进 1/3，如此，可大大降低猜底的风险。

## 二、逢高减量法

逢高卖出一部分股票。这是为了减少股价回档调整风险。这里有一个数学例子说明为何逢高减量可以大大降低股价波动风险，假设我们在股价 100 元买进甲股票 90 张，然后在股价上涨 30% 即 130 元时，抛出 30 张股票（还剩 60 张甲股票），此时，我们实现获利=30×30=900 元，并且还有 60 张甲股票（能承受 900 元÷60 张=15 元/张的亏损），之后，甲股票只要在 85 元以上（100−15=85），整体来看我们都是赚钱的。

## 三、短停损法

在某些关键时点时，可重押较大部位，并设立较短的停损。因为总风险预算=个别损失×总量，在总风险预算不变的前提下，我们可以运用短停损来扩大总量，以加强买进"火力"。但要特别注意的是，短停损被扫到出场的概率较高，只能偶尔在关键时点价位采取短停损法。

## 四、增量法

期货外汇等允许杠杆保证金交易，只要账面有获利，保证金足够，即可加大部位。所谓的增量法就是在行情有利时，设定较短停损再一路全押，如此若看对行情时，则获利将呈几何增长，非常惊人，但是如果一旦途中有个较小的回档，就会短停损出场，累计获利归零，所以运用增量法必须设定出场目标价一次出清，无法容忍较大波动。增量法要想成功，行情必须够大，并且途中不能有较大回档，这些条件同时发生的概率很低。增量法适合运用在猜测底部刚刚发动行情准备急涨时，非常不适合运用在追高或震荡行情。增量法的精神在于控制原始的风险预算成本，然后不断将利润再度加码投入，乘胜追击，一旦行情回档，立刻出场，绝不恋战。使用增量法要非常小心，因为价格有可能隔夜跳空，以致损失超过预期。

## 五、选择权法

选择权法的特色是买进选择权，然后坐等选择权上涨而卖出，一旦正确，选择权的获利速度很快，往往几天内就可以上涨数倍甚至数十倍。因为选择权的损失有限，所以比较容易做风险预算控制，但是选择权有很高的时间成本，股价只要不动，选择权就会亏钱，甚至行情不够大，也会赔钱，所以买进选择权的获利概率很低，已经类似买彩票了。买进选择权只适合在股价震荡许久后，投资人猜测行情将快发动时，因为此时选择权的隐含波动率低，较为便宜。投资人要特别小心，千万不要追高买进选择权，因为此时选择权会非常贵。

# 第二节　投资第二原则："狠逮"时机原则

在风险预算自己能承担的范围内，对于自己看好的标的，必须全力去逮机会。人的一生只要能狠狠"逮到"几次大的投资机会，就很足够了。例如比尔·盖茨"逮到"PC作业系统发展的时机，马云"逮到"了互联网网购创业的时机。一般人只要投资到一处正确的房地产，个人净资产即可大大增加，这是因为，多数人使用贷款买房，而贷款本身就有财务杠杆的作用。举个实例，假设自有资金30万元，买100万元的房，当房子涨到200万元时，净赚200万-30万=170万元，自有资金报酬率高达170÷30=567%。但要特别注意的是，财务杠杆在房价下跌时，会造成极大损失，甚至是负资产，所以使用时要很谨慎，除非是自居房子，否则建议尽量少用贷款买房。

在投资实践中有一个很重要的"黑天鹅理论"，是说在投资市场中发生极端事件的概率远远超过所谓常态分配的统计概率。也就是说，大涨和大跌的两个极端发生的概率常会比与预期的还高，这在统计学上称为"肥尾现象"（因为在概率分配曲线的左右两个尾端会高高隆起）。

在16世纪的欧洲上流社会中，常会用"黑天鹅"三个字来形容"不可能发生的事件"，因为那时的欧洲人只看过白天鹅，从来没看过一只黑天鹅，因而认为黑天鹅是不存在的。一直到17世纪，欧洲人到了澳洲大陆后，才第一次见到黑天鹅。所以黑天鹅事件就用来形容超乎预期的极端事件。

　　那么，投资人可能会问，为什么会有黑天鹅事件呢？因为投资市场不是完美的数学理论可以解释的，投资市场的本质是群众心理，而不是数学模型。正因为群众心理的特性是不可预测并且常走向极端的，才形成了黑天鹅现象。

　　由此可知，数学绝不是投资市场的真正规律，群众心理形成的黑天鹅现象才是投资市场的真正规律。正因为有黑天鹅规律，所以我们要遵守以下投资准则：一是要随时留意观察各种超乎预期的变化，这些变化有可能快速产生重大影响，我们必须迅速反应；二是在不小心"逮到"正向有利的黑天鹅影响时，要敢于重押长抱，充分赚到肥尾效应的上涨一端；三是若不小心被负面黑天鹅"逮到"时，要勇于出清，快速闪开肥尾效应的下跌一端。强者恒强，弱者恒弱，投资人要随时询问自己是否看错了重要时机，是否用尽全力去狠逮时机，是否有及时停损。

　　著名的对冲基金经理索罗斯曾经提到过，他特别喜欢在有机会的行业中挑选两种公司：一是业绩表现最佳的公司；二是有潜力谷底翻身的公司。投资机会往往就在这两类之中出现，这就是所谓的"两端投资论"。

　　选股首先要看基本面和估值，技术面只供进出时机参考，基本上是只能挑选有业绩展望的股票，也就是有盈余增长或营收增长展望的公司。不管是绩优股，还是咸鱼翻身股，都是有未来业绩展望的股票，只不过一个是本来就好，另一个是有机会变好。业绩展望可分为两三年以上的长期业绩展望和3~6个月的短期业绩展望，股票短线价格波动特别容易受短期业绩展望的影响，所以长期业绩展望和短期业绩展望都要盯紧。

　　业绩表现最佳的公司往往有很大概率持续原来的正面趋势，即所谓的强者恒强。比如，在互联网行业中，大家拼到最后，往往是最强的一两家赢得最多。又比如，房地产投资中，往往是地段最好的房子，房价最为坚挺，甚至可以持续上涨数十年。除此之外，在古董艺术品的收藏中，也往往是最顶尖的精品最容易创出拍卖价新高。但同时，有潜力谷底翻身的公司一旦真的实现翻身，股价报酬率往往十分惊人。

拿数学的概率论来分析，期望值=概率×报酬率，业绩表现最佳的公司的上涨概率高，报酬率也稳健，概率和报酬率两者相乘的正期望值就大。而有潜力谷底翻身的公司上涨概率虽小，但一旦上涨的报酬率极大，我们把概率和报酬率两者相乘也会有很好的正期望值。如果我们投资到业绩平平且变化不大的公司，上涨概率和报酬率都有很大的不确定性，投资期望值也无法有较大把握。

据说，马云在为阿里巴巴寻找融资资金时，到处碰壁，大多数投资界的金融大佬们拒绝了送上门的财神爷，这又是为什么呢？我们如何尽力避免错失大好良机呢？阿里巴巴在初期时，明显属于"两端投资论"中的转机高报酬一端，转机发生概率低，但报酬率极高。有些投资界精英当初看到马云时，只看到阿里巴巴那时的外在条件，资金缺乏、盈利薄弱，却没想到"事在人为"，经营团队的毅力和决心才是成功的关键所在。软银的孙正义事后提到过，他是因为看到马云当时眼中的闪光才投资阿里巴巴的。这个故事告诉我们，公司的根本在于人，尤其是领导的团队，我们在衡量一家公司的投资价值时，不能只看外在条件，而是要把经营团队列为最关键因素。

我们在面对潜力机会时，必须全力考虑并搜寻各种可能性。不要因为自己的成见而不多加思索直接回绝，必须多次认真考虑。例如，我们不能只因为投资标的外在条件不好而直接回绝，说不定经营团队有能力创造转机。我们也不能因投资标的略贵而直接回绝，说不定强者恒强。同时，也不要认为自己的条件不足，必须搜寻各种可能，例如，若我们投资资金不足，可全力调集各种可能的资金；若别人对自己的信任不够，就要全力争取信任。就算我们在最差的条件下，也要凭满腔热血来感动别人，正如同当初马云感动了孙正义。

在大逮机会的同时，也必须避免别人的诱惑，不要见异思迁，要了解每个人能赚到钱的模式机会都是大不相同的。别人赚大钱，有他自己的机缘，我们只要尽力赚到自己看得懂的行情，就非常足够了。例如，巴菲特说他很少投资电子股，因为他看不懂，或许巴菲特错失了像谷歌、苹果等这些上涨数百倍的公司，但只要他狠狠赚到他该赚到的可口可乐、华盛顿邮报等股票，就足以成为世界首富。最糟糕的投资者是，看见许多其他上涨行情而见异思迁，无法照顾、坚持好自己的核心投资部位。

狠逮时机原则不只可运用在投资上，也可运用在事业上。在事业中，只要是在风险预算之内，损失得起的，一旦遇到好的机会，就必须全力出击。这个原则也回答了投资到底是集中投资好还是分散投资好的问题，答案是，在风险预算的范围内尽力集中照顾好你自己的核心投资。在投资数学统计理论中，有提到若所有投资标的的期望报酬率相同而彼此独立不相关，则分散投资可以降低投资组合的波动度。但在现实投资环境中，很难找到这么多的独立不相关的好投资标的，所以适度集中就有其必要性了。

# 第三节　投资第三原则：均衡灵活原则

中国文化中有著名的太极图形，阴中有阳，阳中有阴，阴阳之间必须均衡调和，才能有最合适的结果。

投资的道理也是如此，风险和报酬就是投资的阴阳两面，风险和报酬之间必须寻求一个最佳平衡点，才能有最佳的投资结果。否则若偏执于增加报酬，则有可能风险失控；若偏执于控制风险，则有可能报酬不理想。

这是中国文化中所谓的中庸之道，执其两端，用于其中。在投资中，两端就是风险和报酬的两端，我们必须综合考虑风险和报酬的情况，再综合出一个最佳的均衡折中策略。

又例如，前文描述的投资两端论：一端是业绩表现最佳的公司，另一端是有潜力谷底翻身的公司，这两端乍看起来，投资理由似乎大不相同，两者合起来配置，却有很好的均衡效果。除此之外，稳健股和积极股均衡，大股票和中小股票均衡，长线短线均衡，也都是均衡的好例子。

但要了解的是，所谓的均衡绝不是指两端各投资一半了事，而是能深刻理解两端投资各自适合投资的情境，然后依照情境不同决定两端投资的比例分配和配置时机。也就是说，要确保我们的投资备选库里有各种好投资标的，然后依照时机来决定如何均衡搭配使用。

在仓位大小的调控上也是要遵守均衡原则，许多投资人在股价涨高时嫌自己仓位太少，于是很容易追高；而在股价大跌时，又恐惧自己仓位过大，因而杀低。追高杀低正是不均衡造成的结果。

行情由主趋势加上回档波动组成，极少行情会一路大涨而没有回档波动。所以一般而言，行情若涨多了，回档概率自然增加，此时卖出会比买入稍微有胜算。但若行情是长线看涨，短线卖出又违反了长线看法。

大涨时，投资者若采取全进全出的不均衡做法，短线全部卖出，万一行情再度持续大涨，投资者一定会后悔不已，或许又追高买回。同时，如果投资人完全不理会行情大涨，等到行情大回档时，又可能后悔涨高时没卖，而心生恐惧杀在低点。

所以，较为均衡的做法是手上仓位由长线和短线两部分组成，基本长线仓位完全不动（除非基本面有重大变化）。短线部分则可逢高适度卖出一部分，也可逢低适度加码。

表 9-1 说明在行情各个阶段的长短线有利不利分析，以及适合的均衡配置。

表 9-1　行情各个阶段的长短线有利不利分析

| 行情阶段 | 长线 | 短线 | 均衡配置 |
| --- | --- | --- | --- |
| 长线看涨<br>短线回档 | 有利（基本面看涨） | 有利（回档后有机会上涨） | 长线部位+短线部位 |
| 长线看涨<br>短线大涨 | 有利（基本面看涨） | 不利（大涨后回档概率增加） | 长线部位 |

具体来看，当我们从基本面看好一只股票，首先依照风险预算原则和看好程度来决定这只股票的最大买进量（满仓线），如果我们手中满仓时而行情大涨，当然会很高兴。但如果还没买到满仓，行情就大涨，那千万不要去匆匆追买，行情大涨后容易大跌，你去追买仓位加到满仓后，很可能行情就开始大回档。如此就变成了在你没满仓时行情大涨，满仓时行情却大跌，这就踩错了行情节奏。

正确的心态是，我们虽然根据风险预算和看好程度设定了满仓线，但这个满仓线是由长线仓位和短线仓位加总的。我们要有胆量只赚到长线仓位的钱，等到行情回档的合适时机再加码短线部位，如果行情不回档，那死抱长线部位就够了。

一般而言，长线仓位可设在满仓线的5~7成，然后将短线仓位视为作战时的预备队，在觉得时机合适时才投入，否则按兵不动。例如，短线仓位也可投入，以赚取箱形盘整行情。

综合上面所说的，我们可以将仓位大小区分成四条线：底线、5成线、7成线和满仓线。底线就是最低量，对股票而言底线就是零部位，完全不参与；5成线就是持有满仓线的5成；7成线就是持有满仓线的7成；满仓线就是依据风险预算决定的个股最大持有量。

一般而言，只要我们持有仓位超过5成线，就是长线仓位已经足够了，此时千万不要追高行情，而让自己陷入不利的境地，等到行情回档的有利时机，再追加仓位，否则要有胆量看着行情一路上涨，只去赚长线仓位。

以上是介绍股票的绝对报酬策略，对于有相对报酬基准的投资组合，底线一般是基准的一半。也就是说，不管在任何情况下，都不能持有少于一半基准。这是为了避免偏离基准过大的风险。然后在满仓线和底线之间可计算出，5成线=底线+50%×（满仓线－底线），7成线=底线+70%×（满仓线－底线）。基准只要在底线以上就绝不追高（若是个股可考虑先谨慎建立到5成线），回档才考虑买进。基准大跌时，不管如何看不好，都一定要留意买进。

# 第十章 心灵科学三定律（尊重生命定律、追随喜悦定律、自由选择定律）

投资成功的最关键因素并不是投资技巧，而在于投资心态。为了能拥有良好的投资心态，建议大家可以先了解心灵科学和其重要原则定律，以下将介绍给投资者我个人构想的理论，一个全新的心灵科学体系，希望对建立良好的投资心态有所助益。

什么是心灵科学？一言以蔽之，心灵科学的特色就是直观、诚实，而物质科学的特色则是客观、诚实。

17 世纪的物质科学革命是人类的第一次科学革命，当时牛顿出版了《自然哲学的数学原理》，运用了归纳法和演绎法等逻辑数学方法来客观诚实地描述自然现象。牛顿诚实开放的态度帮助人们从中世纪迷信权威的束缚中解脱出来，这对深受权威捆绑的 17 世纪人类来说，意义重大。但是我们却不知不觉地走向崇拜物质的另一个极端。大家必须明白，数学的描述方法常常只能适用在外在局部的物质规律现象，不能解释所有的宇宙人生真理。

在 21 世纪的今天，我们需要发展心灵科学，以取得科学方法的大突破，因此我们就一定要先扩大科学的视角和方法，引进心灵科学的"直观诚实原则"。"直观诚实原则"的定义很简单，就是针对自己的直观经验和实验效果做诚实描述，同时也尊重别人对其本身直观经验和实验效果的诚实描述。

要注意的是，心灵科学的"直观诚实原则"并不会像当今的物质科学一样，要求所有的经验和实验都要具有完美的可重复性，也不会武断地将局部的规律现象推论到全面，而是以弹性开放的态度，做直观诚实的描述，并承认一切经验的局限性。

科学精神最可贵之处就在于"诚实描述"四个字，只要能做到"诚实描述"，都符合广义的科学精神，而不是只有数学公式才是科学。能用数学公式表达的往往只局限在单纯规律的物质法则上。

心灵科学和物质科学的研究特性有很大不同。物质科学强调客观性、立即性与绝对可重复性。心灵科学则重视直观性、阶段性及实用性。

物质科学中的客观性是假设观察者不会影响实验结果。

立即性是指物质定律可立即随时加以验证。

而绝对可重复性则来自假设实验者可掌握所有影响变因，因此，每次均可完美地不断重复相同的实验结果。

心灵科学中的直观性是说，其实验验证重视直观感受，"如人饮水，冷暖自知"，不要一直试图从客观现象来证明真理。物质科学常会假设外面有个客观世界在等待我们去发掘其规律，所谓的客观就是假设在我们直观感受之外，有一个完全不受主观影响的宇宙，然而宇宙最高真理的真相，却可能是整个世界如同梦中世界一样，是我们自己想象出来的。所谓的客观世界，也许只是某种直观层次的梦境而已，正如同我们在梦境中时，也会觉得梦中世界是客观的。而所谓的各种物质法则，也只是大家在这个世界中暂时互相同意的游戏规则而已。因此，如果我们一直忽略相对直观的真实性及重要性，就有可能本末倒置，无法找到生命真理的根源。

事实上，量子力学的发展已经让科学家们在重新思考所谓客观和主观的深层含义了。量子力学其实已经告诉我们，所谓的客观可能并不存在，观察者和被观察者永远密不可分。

心灵科学中的阶段性是说，在验证真理的过程中，因领悟真理深浅程度的不同阶段，而各有不同的实证效果。

而在心灵科学实证的过程中，也不必苛求完美绝对的可重复性，只要可重复性能令自己感到满意，并具实用性即可，这就是实用的可重复性。所谓的绝对可重复性，只能适用在复杂世界的、小小局部的单纯物质法则中。

在未来的科学期刊中，将会以"是否诚实描述"作为论文的主要评审准则，而不是只接纳可完美重复实验的公式为主流论文；相反地，科学期刊将会更虚心开放地接受各种直观实证的研究方法，百花齐放，进而从物质科学的束缚中解放出来。目前，科学期刊的标准格式是论文名称、发表人名、摘要、主文、结论和引述。未来科学期刊的标准格式将在"摘要"之前增加一个"诚实宣誓"的字段，范例如下："兹此宣誓，本论文内容均符合诚实描述的科学精神，希望评审者秉持开放宽容的态度，惠予采纳刊出"。加上"诚实宣誓"字段的目的是提醒论文发表人，"诚实描述"是最重要的科学精神，也提醒了评审者要更开放宽容，必须了解到只要能"诚实描述"就符合广义科学精神，不要只接纳能数学公式化的所谓主流论文。

总而言之，"诚实描述"是物质科学和心灵科学的重要共通性。如果物质科学家不诚实，那就是"学术蛀虫"；如果心灵科学家不诚实，那就可能流于"骗子神棍"。

物质科学和心灵科学的区别只在于，物质科学较重视外在物质的客观诚实研究；心灵科学则较重视内在心灵的直观诚实自证。

笔者再重述一遍，只要能做到"诚实描述"，就符合科学精神。

请各位物质科学家们放开心胸，不要认为只有能重复验证的外在物质定律才是科学。

正如同物质科学有所谓的物质公设和定律。心灵科学的理论架构是以"心灵四大公设"为假设前提，并以"心灵三大定律"为验证准则。

## 一、"心灵四大公设"

（一）心灵第一公设：二元合一公设（The Axiom of Non-dualism），即"所有生命是创造者也是被创造者"（All Lives are the Creators and the Created）

简单来说，我们创造自己的长相与命运。心灵第一公设可以消除被创造者和创造者分离的幻象。

（二）心灵第二公设：一体生命公设（The Axiom of Life Oneness），即"所有生命同为一体"（All Lives are One）

简单来说，生命一体。心灵第二公设可以消除人和其他生命分离的幻象。

（三）心灵第三公设：平行宇宙公设（The Axiom of Parallel Universes），即"宇宙是平行且相对的"（Universes are Parallel and Relative）

简单来说，我们各自选择感受个别的平行相对宇宙。这个看起来唯一客观的宇宙事实上并不存在，存在的是平行主观的许多宇宙。在我们外面没有所谓的客观世界。心灵第三公设可以消除人和宇宙分离的幻象。

（四）心灵第四公设：真实本性公设（The Axiom of True Nature），即"只有幸福快乐的本性是真实的，其他皆为虚幻"（Only Our Blissful and Joyful Nature is True，all Others are Just Illusions）

简单来说，人性本乐。心灵第四公设可以消除人和快乐真实本性分离的幻象。

人生的四大重要关系，不外乎是人和"造化"之间的关系，人和其他生命之间的关系，人和宇宙之间的关系，以及人和真实自我本性之间的关系。依照心灵对这四种关系的种种观点和假设，就会创造出各种文明形态。

当心灵假设人和"造化"是分离时，就会创造出"神权至上"的文明；当心灵假设人是和其他生命彼此分离而竞争时，就会创造出斗争的文明；当心灵假设人和宇宙是主客观彼此对立时，就会创造出沉溺外界物质的文明；当心灵假设人和快乐真实本性分离时，就会创造出充满烦恼的文明。

当假设人和"造化"、其他生命、宇宙以及真实本性等都从来不曾分离过时，就会创造出伟大、和谐、整合和快乐的心灵科学文明。这所有一切的效果都只在于心灵采取了何种假设而已。如果我们故步自封，一直以主客观分离为假设来进行科学研究，那自然就会一直经验到狭窄的物质世界。

对于科学家来说，只要大胆地运用"直观实证"的研究精神，实验性地先开放接纳"心灵四大公设"，然后看看效果如何，也许就会发现无限广阔的崭新研究境界。而对于想摆脱生命烦恼的人来说，也许在初期时，很难摆脱之前的分离幻觉，但还是可以运用冥想、静坐、观照或重复加强新观念等方法来逐渐地直观实证生命真理。

而以下的"心灵三大定律"则是由"心灵四大公设"直觉推导出的结果。也许有人会认为这种推导好像不够数学严谨化，但要记住的是，心灵科学是基于直观方法，而非基于数学方法。

由于我们同为一体，所以我们对自己和其他生命所持有的心态和所做的一切，其实就是对自己所做的一切，不管是制造痛苦或分享快乐，都会自然反射回来。

使别人痛苦，就是使自己痛苦；使自己痛苦，就是使别人痛苦。

使别人快乐，就是使自己快乐；使自己快乐，就是使别人快乐。

使别人自由，就是使自己自由；使自己自由，就是使别人自由。

饶不了别人，就是饶不了自己；饶不了自己，就是饶不了别人。

这些真理，以较短的时间尺度及较局限的眼光来看，似乎不太明显，但以较长时间及较广层面来看，则为颠扑不破的生命真理。

## 二、"心灵三大定律"

### （一）心灵第一定律：尊重生命定律（The Law of Respecting Lives）即"若尊重生命，就能避免痛苦"

也就是说，若能尊重生命并温情友善地尽力避免自己和其他生命的痛苦，则痛苦将远离。其实践要诀为尽己就好。

本书中的所谓尊重生命，是指以尊重生命为第一准则，尽己之力地，避免自己和其他生命的痛苦烦恼。当有无法兼顾的矛盾发生时，你只需依照心安理得的优先次序，尽己即可，但不要过度防卫。只要你问心无愧，就不会有内疚，内心也就没有负担，自然会心情愉快。保持尽己就好的顺其自然心态是要诀。

尊重生命也就等于是温情友善，这包含两个方面：一是尊重其他生命；二是尊重自己。两个方面都同等重要。

尊重其他生命是指尽力不要给其他生命带来强迫、麻烦或痛苦，并帮助其他生命脱离痛苦。如果我们伤害别人、强迫别人，或者不尽自己本分、不守法守纪等，都可能带给别人痛苦或麻烦。

尊重自己是指尽力不要自寻烦恼、强迫自己或伤害自己。

尊重生命并不是遥不可及的高远理想，而是具有极高的可实践性。过去人类有许多似是而非的观念，使得目前地球上并未将尊重生命视为最高准则。

当人类真心诚意地以尊重生命为最高价值。把尊重生命看得比宗教、组织、教条、过度防卫、利益、整顿、惩罚、复仇还重要时，人世间的苦难或战争才有机会消失，我们内心无谓的烦恼恐惧，也才有机会远离。生命本身远比任何信仰或价值观来得珍贵。

本书中生命的定义为，是指如人类、动物等有情绪苦乐感受的有情众生，和佛家的定义类似。生命的定义有时很难清楚界定，但定义本身并不重要，重要的是身体力行。生命本身不只是有形的肉体生命而已，还包括无形的精神生命。肉体生命是短暂的，精神生命是永恒的。所有精神生命都具有意识永存的基本特性。生命也有层次之分，广义来说，就算是似乎无法感受到痛苦快乐的植物、矿物、场地、单位、事件等也都各自有其生命层次。我们可以这样说，万事万物都有一部分的生命意识，只是层次不同，我们都必须尊重。例如，如果我们不得已必须砍树，那也要心存敬意。当然，尊重生命的重点在于尽己就好，千万不要因此而有愧疚感，万事万物都有其使命任务，我们只要心怀敬意，善加运用配合，尽全力不要造成额外伤害就好。

有些人认为动物缺少灵性，其实如果我们仔细观察动物，它们跟人类一样有眼睛、有嘴巴、有大脑、有神经系统、能感受到快乐痛苦甚至也有母爱和家庭，它们的感情需求和人类都是很类似的，差别只是沟通方式的不同。人类过去常会欺负残害动物，在未来新时代中，大家将会慢慢学会珍惜我们这些可爱的动物朋友们，尤其是要爱护跟我们有缘的宠物伴侣，不要随意丢弃它们流浪街头。目前人类对于动物权问题是不太重视的。以循序渐进的道理来看，我们现在要优先解决人类互相残杀的现况，以后再慢慢推至动物权。现在至少可以先做到不残杀保育动物及宠物的地步。现在全面吃素，可能会过于勉强不自然，未来在人工合成蛋白质技术的发展下，也许可以不再屠杀动物来作为食物。而动物实验的必要性也应该重新检讨。在我们实践爱护动物的议题上，同样要注意尽己就好的原则。我们要尽力去保护动物，但不要过于勉强，不要勉强吃素，不要勉强实践，也不要苛责别人的不爱护动物。如果为了动物权问题，又搞得自己和别人一堆罪恶感和不愉快，那就又掉入了另一个心灵陷阱。动物的真实本性和人一样的尊贵神圣，动物不是次等生命。

在不久的将来，人类将会普遍认同"所有生命一律平等"这个信念，就如同当年将"人人生而平等"写进 1776 年美国独立宣言一样。

### （二）心灵第二定律：追随喜悦定律（The Law of Following Joy），即"若追随喜悦，就能导向快乐"

也就是说，若自然地追随你的喜悦，并推而广之到其他生命，则将导向快乐，其实践要诀为自然轻松。

观念心态是万事万物的根本原因。当你总是以平安喜乐的心态去选择事物时，则平安喜乐将如影随形。良好的心态，犹如好天气，将带来外在环境的好气氛、好发展。自己不喜悦，则很难带给别人喜悦，也很难带给自己好运气。

追随喜悦定律也是爱的定律，所谓的爱就是将平安喜乐推而广之。带给别人快乐，就自然会带给自己快乐。

追随喜悦就是你的基本任务。你应该追随自己的天性，去成为那个人，也就是说要去做最令你喜悦兴奋的那些事情。喜悦兴奋是代表某种信号，而那个信号就显示了你所选择成为的道路。因此，当某些事物令你感到非常兴奋时，那个兴奋是要告诉你三件事：①兴奋告诉你，那就是你自己；②因为那就是你，所以那将是快乐轻松的创造；③因为那就是你，而且又快乐轻松，所以你将能够吸引你所需要的一切，你将实现愿望。

那些能让你喜悦兴奋的事就是你的人生使命。不要听从别人的其他意见。当你接受别人的要求，而对抗你自然的本性，并努力成为另一个人的时候，才会产生挣扎与痛苦。如果你做那些最令你喜悦兴奋的事情，宇宙便会以最丰盛的方式给你支持，兴奋将会引导你带到所有其他的兴奋那里。只要你追随你的喜悦，喜悦将源源不绝。

在追随喜悦时，自然轻松是最重要的要诀。有些令你感到喜悦兴奋的事物，当你做起来时会感到过于勉强、不自在，或感到有危险、机缘未到，那就不适合现在去做。

你不需要去试图研究判断怎样才是合乎真理的，你只要随时选择平安喜乐即可。就算是在看似两难或索然无味的境地，你也可以选择痛苦较少、较为接近喜悦快乐的方式。随时有意识地告诉自己："我做这件事是为了获得喜悦快乐。"让自己慢慢地熟悉热爱这种想法。

洗澡时，为了喜悦快乐而洗澡；

吃饭时，为了喜悦快乐而吃饭；

休息时，为了喜悦快乐而休息；

工作时，为了喜悦快乐而工作。

在有人试图让你生气时，你也要自然宽容，选择喜悦快乐。

千万不要认为你别无选择，不得不做你不喜欢的事。就算是在看似都不令你喜欢的选择当中，你也可以选出痛苦较少、较接近快乐的选择。你可以想法找出，能增加些许喜悦快乐的小选择。就算在那如地狱般的战场上，你依然可以选择欣赏一朵小花的淳朴美丽。时时让自己处在喜悦当中，了解到当你感到喜悦的那一刻，你就是认知到与宇宙同为一体的一刻，恐惧烦恼也自然会离去。

### （三）心灵第三定律：自由选择定律（The Law of Free Choice），即"若自由选择，就能发挥潜能"

也就是说，任何生命都有自由选择的无限权利及无限威力。其实践要诀为选择心态。

任何生命本来就有、永远具有自由选择的无限权利及无限威力。全宇宙及全时空都会全然支持你的自由选择。

自由选择定律也就是所谓的吸引力法则，指你可以吸引任何你想要的事物。生命的信念威力，是无时无刻不存在的。我们可以自由选择幸福、快乐、富裕以及健康，我们可以自由选择一个更美好的世界。

自由选择的最大要诀在于，不要试图以意志力来控制改变这个世界，而是以选择心态来转化这个世界，当你的心情充满阳光、感激、宽恕时，你的世界自然也会实际变成阳光、感激、宽恕。不需去担心实现愿望的细节，更不要试图去控制过程，只要享受你的心情。周围环境并不重要，重要的是你的心情状态，你的心情状态会直接影响转变你的周围环境。

不管是什么理由借口，强迫别人的意愿，都是不温情友善的表现。我们可能会以各种权威来强迫别人，也可能会以各种意识形态的"大帽子"来强迫别人。我们甚至可能会用爱心为借口来强迫别人，开口就说："我这是为你好啊！"

有人会说，人受到的限制这么多，哪里有所谓自由选择。但是任何生命，在肉体形式中时，或多或少都会受限，重点是在受限的舞台上，你仍有很大的自由选择发挥空间。而自由选择的无限威力，甚至可以产生无形力量来变更整个原本的舞台。

# 第十一章 终极三法则（清理法则、心灵法则、各别法则）

对于投资人而言，最重要的当然是投资幸运顺利，那么要如何才能使投资幸运顺利呢？

在这里笔者直接揭晓谜底，如果想要投资顺利心想事成，可以参考终极三法则：①清理法则；②心灵法则；③各别法则。其中，以清理法则最为重要，心灵法则其次，各别法则再次之。

所谓各别法则就是我们生活在人世间的各种物理化学、生理心理、人情世故、商业投资、各行各业的各种法则。这些规律法则在人世间的某些特殊时空背景下，都是相当靠谱的。例如，如果你拿一个苹果然后放手，那它必然往下掉。又比如，如果不睡觉就会精神不好，如果待人好，别人就会喜欢；等等。此外，在商业投资以及各行各业当中，也有许多各别法则，这些法则或许不是那么简单明显，或许需要许多时间经验才能发现，但都是有其各别诀窍的。这些诀窍，可能简单到从服务员端汤如何不溢出，复杂到跨国企业总裁如何经营跨国制造业等。要特别注意的是，俗话说得好，"隔行如隔山，计划赶不上变化"，这些各别商业法则，往往在不同行业和不同时空背景下，可能会大不相同，甚至完全相反，我们必须适时应变，及时修正，绝不可以一成不变。

例如，在需要以量取胜的某种互联网企业的经营上，可能有时必须先亏钱来抢占市场份额，以图未来的利润，但在传统行业的经营上却必须将本求利，稳扎稳打。

又比如在前面在"投资三原则（风险预算原则、狠逮时机原则、均衡灵活原则）"中，笔者介绍了一些投资原则，这些原则就是有关投资的各别法则。

但是只了解投资的各别法则是不够的，为了使投资幸运顺利，我们还必须了解心灵法则和清理法则。心灵法则和清理法则是为了帮助大家从更深层次来解决问题。

你有没有过按照投资原则去选股操作，但还是觉得不顺呢？或者因为自己的投资心态不好而赔钱呢？其实，这个宇宙决定运气结果的因素在更深层次中，熟练并遵守各别法则只在表面层次而已。

我们也从心灵科学三定律（尊重生命定律、追随喜悦定律、自由选择定律）的章节中，学习到了心灵法则，了解到心态足以影响环境命运。

有人说，心态决定一切。但是，我们可能非常努力地想调整到积极正向心态，却有时感到力不从心，受到了负面情绪干扰。有时我们会感到有些事情不如所愿，不管我们了解再多的大道理，采用各种积极思考的方法，就是没办法跳出低迷心情。

这又是什么道理呢？我这里举个例子来说明，假设有人要求你在垃圾堆中打造一处舒适芬芳的住所。那你肯定要先清理完垃圾再去建造，否则不管你再怎么努力积极，总是偶尔会有垃圾的臭味飘出。

同样的道理，在我们的潜意识中也潜藏有许多我们无法察觉的负面记忆，我们必须先运用清理法则加以清理，然后心灵法则和各别法则才能发挥最大效用。

　　所以，有人说减法比加法重要，舍弃比夺取重要。清理法则也类似顺其自然、顺着流走、不抵抗、宽恕宽容、放空自己，其基本精神在于清理那些潜意识的负面抵触记忆。

　　潜意识的负面记忆是指如不满、抱怨、担心、恐惧、痛苦、压力、无力感等种种负面情绪以及触发这些负面情绪的各种回忆和模式情境。完全相同的模式情境，可能会触发不同人的不同情绪。有时甚至只是坐着想起回忆到某件事，就会触发负面情绪。

　　那么，清理的具体方法是什么呢？具体的方法超级简单，在心灵科学三定律（尊重生命定律、追随喜悦定律、自由选择定律）的章节中有提到生命第四公设，告诉我们生命的真实本性是幸福快乐的，不幸和痛苦都只是幻觉，所以我们只需顺其自然并恢复清净本性即可，不需要刻意去一一分析解决。《奇迹课程》这本书在导言中开宗明义就说："凡是真实的，不受任何威胁。凡是不真实的，根本就不存在"（Nothing Real Can be Threatened. Nothing Unreal Exists），又说，爱是天生的禀赋，我们只需清除妨碍我们体验爱的障碍。《奇迹课程》本身就是很好的清理工具书之一。我所著的《幸运心灵学180课》和《心灵科学宣言》（笔名银河七号）中的"幸运可以练习，幸福不曾远离"也阐述了类似道理。

　　所以，我们只需有清理的简单意愿，即可发挥清理作用，不需将事情搞得太复杂。我们可以自己定义一句话或一个动作是代表清理，然后心中默念那句话或做那个动作就可达到清理功能。心中默念时也可一边深呼吸，一边一个个按下手指计数，以加强重复效果。例如，我们可以用"我爱你，谢谢你"设为清理默念口诀，将橡皮擦擦拭动作设为清理动作。当然，我们可以尽量在心中想象进行即可，不需引起别人注意。

　　千万不要小看、嘲笑和怀疑清理潜意识的简单动作，清理可以扫除潜意识中的负面记忆。清理是非常重要的，我们要经常持续清理，视其为最重要的任务。事实上，清理并不会影响日常的生活和工作，我们只需要在想起时默念几遍清理口诀即可，然后就可放下忘记，交给宇宙自动清理，睡眠前则可默念着自然入睡，重要的是你的清理意愿，而不是花了多少时间、默念了几遍口诀。

我们不可能理解许多事件发生的深层次原因。我们不知道，也不需要知道，某些事件为什么会发生，所以我们没必要怨天尤人，也没必要抱怨"天啊，这不公平，这为什么会发生在我身上"，"天啊，为什么让我等待那么久，还不让我如愿?"

我们只要尽好我们清理和喜悦的两大职责（具体来说，想到时就可以默念自己喜欢的清理字句和喜悦字句），然后放下忘记，交给宇宙去自动运行即可。不要因为担心运行效果，而又增加了负面记忆垃圾。这也就是道家所谓的"无为而治"。有关如何追随喜悦，请参考本书的追随喜悦定律。所谓的喜悦包含了满意、感谢、信心、希望、爱心、淡定、平安、一切都好等的正面感受。

例如，我们可以没事就默念"一切都好"的喜悦字句几遍，然后就完全放下忘记。建议读者至少可以试试上述方法，不管有没有实际成效，至少可以让自己心情比较好。

许多人都有被世俗的功名利禄等种种价值观牵着跑的幻觉，其实如果我们独立思考，就会发现它们存在本身，不需外加任何条件，其实就是最大价值、最大成就、最大平安、最大财富和最大乐趣，不需要其他任何理由。

每个生命都是最伟大的，每个当下都是最完美的，根本不需要外界或历史的认同，只需要自己的认同。难道只因为乌龟爬得慢，就会比兔子不伟大? 这些价值观只是人类自己设计出的幻觉而已。所有麻烦、痛苦、疾病、挑战和考验，都是完全没必要的，一点用也没有。

乔·维泰利和修·蓝博士合著的畅销书（全球销量数十万册《零极限》中专门针对清理潜意识的理论和实例做了详尽介绍。

清理口诀范例参考：

"我爱你、谢谢你"（"零极限"建议）

"我爱你、对不起、宽恕我、谢谢你"（"零极限"建议）

"清理祝福、自乐自荣"

总体来说，清理法则、心灵法则和投资的各别法则都对投资的幸运顺利有所助益，其中以清理法则最为重要。

遵守投资三原则（风险预算原则、狠逮时机原则、均衡灵活原则），可以符合投资规律，增加投资胜算。

遵守心灵科学三定律（尊重生命定律、追随喜悦定律、自由选择定律），可以培养正面积极的投资心态。

遵守清理法则，则可以清除潜意识中的负面记忆，减少负面心态，在更深层次中增进投资的幸运顺利。

最后，祝福各位读者，投资顺利，一切安好！

我爱您　谢谢您

永恒的幸福

刘傤明